HABLAR VIDA
ACTIVAR EL PODER DE LA PALABRA DE DIOS

HABLAR VIDA: Activar El Poder De La Palabra De Dios

Derechos de Autor © 2018 Dr. Abraham Peters - Todos los derechos reservados.

Ninguna parte de este libro puede ser reproducida, almacenada en un sistema de recuperación o transmitida por ningún medio (electrónico, mecánico, fotocopia, registro u otro) sin el permiso por escrito del autor.

Toda la correspondencia a: abrahampeters@rocketmail.com

HABLAR VIDA
ACTIVAR EL PODER DE LA PALABRA DE DIOS

DR. ABRAHAM PETERS

DEDICACIÓN

Este libro está dedicado a honrar y celebrar a un hombre de Dios muy apreciado,

APOSTOL RIGOBERTO y PASTORA LETICIA ESQUIVEL y su familia estimada

Y el amado pueblo de Dios en La Iglesia En Rio Bravo Monte Real, Tamaulipas, México.

APOSTOL RIGOBERTO, habéis demostrado una gran vida de ejemplo excepcional. Doy gracias a Dios por tu vida, doy gracias a Dios por la gracia en tu vida y el amor genuino de Cristo que constantemente ha mostrado a los demás.

Oro que la unción de Dios sobre su vida y ministerio continúe aumentando en el nombre de JESUCRISTO. Amén

CONTENIDO

Dedicación

CAPÍTULO 1

Principio De Poder 1

   Cómo Activar Tus Sentidos Espirituales 27

   Usando Tus Sentidos Espirituales 35

CAPÍTULO 2

La Vida Después De La Religión 47

   Tipos De Poder 48

   Diferencia En La Estructura 49

   Poder Espiritual 50

   Fuerzas De Poder Espiritual 51

   La Demostración De Poder 52

   El Poder De Opción 56

   La Base Del Poder Espiritual 57

   Poseyendo Las Promesas 58

   Más Allá De La Bendición Al Poder 61

   Personas Ordinarias 63

CAPÍTULO 3

Hablar La Palabra Solamente 66

¡Entonces Dios Habló! 73

CAPÍTULO 4

"Nunca Un Hombre Habló Como Él" 85

Nacido En El Poder 86

Bautizado En El Poder 86

Un Poder Probado 87

Su Fuente De Poder 88

Poder Ilimitado 88

Poder Sobre La Muerte: 91

El Poder Presente 93

El Poder Futuro 93

CAPÍTULO 5

El Poder De La Palabra 95

La Fuente De La Palabra 96

"Rhema" Y "Logos" 97

La Tentación De Jesús 98

Usando La Palabra De Poder 99

La Responsabilidad Hacia La Palabra 104

Sus Propias Palabras 105

CAPÍTULO 6

Poder De La Autoridad 109

   Un Hombre Bajo Autoridad 109

   Jesús Bajo Autoridad 111

   Autoridades Puestas Por Dios 113

   Todo Los Poderes Se Volverán El Poder De Dios 125

CAPÍTULO 7

Sé Que Mi Redentor Vive Decreto Y Declaro Oraciones Proféticas 126

   Decreto Y Declaro En El Nombre Impresionante De Jesucristo 128

   Oraciones Proféticas Para Mantener Un Caminar Sostenibles 149

   Orando La Palabra De Sanidad Que Dios Ha Prometido Y Ha Dicho 175

El Autor, Dr. Abraham Peters 185

Capítulo 1

PRINCIPIO DE PODER

¡Podemos levantarnos y entrar en ese nuevo día!

Cuando Dios apruebe tu vida, incluso tus enemigos terminarán estrechándole la mano. **Proverbios 16: 7 El Mensaje (MSG)**

No levantes el puño contra el Dios supremo. No levantes la voz contra la Roca de las Edades. Él es el Único de Este a Oeste, del desierto a las montañas, él es el Único. Dios gobierna: él lo arroja sobre sus rodillas, lo levanta sobre sus pies. Dios tiene una copa en su mano, un cuenco de vino, lleno hasta el borde. Él se aparta de él y vierte; está agotado hasta las heces. ¡Los malvados de la Tierra lo beben todo, beben hasta la última gota amarga! **Salmo 75: 5-8 El mensaje (MSG)**

¡Hazlo bien, Hazlo con DIOS!

Todos enfrentamos una elección. Podemos estar satisfechos en dónde estamos, o podemos elegir pasar a una nueva experiencia con Dios. Seguimos siendo su pueblo, sin importar en qué dirección nos dirijamos. Pero somos nosotros quienes decidimos si disfrutaremos de todas Sus bendiciones. Sé que a veces puede parecer que no hay forma de salir de nuestra situación. Pero mira lo que dice

> "Ahora ha llegado la hora del favor; ahora, digo, ha amanecido el día de la liberación". **2 Corintios 6: 2 (NEB)**

¡El amanecer de un nuevo día está aquí! El amanecer significa un nuevo comienzo. ¡Ha llegado la luz de un nuevo día! El amanecer significa que la vieja oscuridad se ha desvanecido y que ha llegado la luz de un nuevo día. Podemos levantarnos de la oscuridad en la que hemos estado: la oscuridad de las dificultades, las pruebas, la tribulación y todas las otras dificultades que el diablo nos arroja. ¡Podemos entrar en ese nuevo día!

Es hora de que nos despertemos y nos demos cuenta de que Dios no solo está con nosotros, ¡Él está listo para liberarnos y bendecirnos! Él lo hace en abundancia, y está listo para darnos la bendición máxima, superabundante y exagerada. Él siempre está listo. La pregunta es, ¿estamos listos para recibir? Ya ves, depende de nosotros tomar sus promesas y recibirlas. En Su Palabra, Dios nos ha dado toda la dirección que necesitamos para recibir Sus bendiciones. Debemos decidir ir tras ellas. ¡Ahora es el momento de que creamos en Dios y hablemos Su Palabra para recibir las bendiciones que Él tiene para nosotros!

HABLAR VIDA | Dr. Abraham Peters

Si estás listo para recibir, te animo a profundizar en tu lectura personal de la Biblia, su palabra, con oraciones más fervientes. ¡Seguramente irás a un nivel más alto en la fe y en las victorias espirituales a medida que profundices en Su Palabra! Y recuerdes, la razón por la cual tenemos bendiciones para recibir es que Jesús derrotó al diablo por nosotros. Él triunfó sobre él en la cruz. Dios nos ha dado la victoria por medio de nuestro Señor Jesucristo.

Es posible que haya encontrado personas insinceras e injustas, PERO el amor de Dios por usted es verdadero. Sus intenciones son puras. Él desea una verdadera relación contigo. Si aún no lo has hecho, abre tu corazón y permítele entrar. *No todos estarán en tu esquina. No todos te animarán a seguir adelante y a no rendirte. No todos estarán allí para cuando los necesites.* Pero Dios siempre estará en tu esquina, alentándote y ayudándote en tu momento de necesidad. Asegúrate de estar prestando atención al Único Y correcto porque cuando las personas que creías que estarían contigo no están ¡allí, DIOS SI ESTA! Él ha prometido nunca dejarnos ni abandonarnos. No sea impulsado por el drama, sino busca la paz. Mucha gente busca algo o alguien de qué o quién hablar, lo que en la mayoría de los casos lleva a una vida llena de drama. En lugar de hablar de personas, comienza a orar por ellas. Busca la paz de Dios a través de la oración por las personas y las situaciones en tu vida.

HABLAR VIDA | Dr. Abraham Peters

¡¡¡HABLAR VIDA!!! Exprese palabras de aliento y vida a su vida y a la vida de otros hoy. Haga que su hoy y su siempre sean negativos. Deseche los pensamientos de desaliento y deje que su mente descanse en las promesas de Dios. *Un libro es igual cada vez que lo lees.* Pero la Palabra de Dios está viva. Una cosa viviente cambia constantemente. *Lo sorprendente de la Palabra es que, mientras que lo que está dentro no cambia, cambia lo que hay dentro de ti ... para bien.* A medida que lee la Palabra y la aplica a su vida, se convierte en una mejor esposa, un mejor esposo, un mejor estudiante, un mejor empleado. Lo que sea que estés haciendo, cuando empieces a hacerlo *"como para el Señor",* te convertirás en un faro de luz brillante en un mundo oscuro. Puedes escuchar la voz del Señor muy claramente cuando aplicas las palabras que se encuentran en las Escrituras- como un hijo conoce a su padre, un sirviente conoce al rey, una oveja conoce al pastor. *"Mis ovejas conocen mi voz",* dijo Jesús. Si Dios te llamara en una multitud, ¿podrías escucharlo? Cristo continuamente nos enseñó a *"creer"* y *"tener fe en Dios".* Él nunca nos enseñó a hacer una provisión para el fracaso o esperar fracasar. No, Él nos enseñó a creer simplemente como lo hacen los niños, y a ser valientes al ir a Dios con un corazón abierto, una conciencia clara y una gran expectativa y fe en él.

Da un paso de fe sabiendo que Dios te llevará a donde se supone que debes estar. Tienes que salir de tu zona de confort. Si juega a lo seguro durante toda su vida, nunca alcanzará su máximo potencial. Viva valientemente porque

Dios, que creó los cielos y la tierra, está siempre disponible para usted. Él te protege y te mantiene a salvo de cualquier daño.

> *En Dios he puesto mi confianza, no tendré miedo. ¿Qué puede hacerme el hombre?* **Salmo 56: 11.**

Como creyentes, debemos seguir a Cristo plena, libremente, sin temor y con fidelidad. ¡Y para hacer eso necesitamos creer la Palabra de Dios del Génesis a los mapas en la parte posterior! El distanciarnos de Dios es un peligro real, pero la cercanía a Dios es una verdadera seguridad. Es maravilloso saber lo que sabes, pero la sabiduría requiere que también sepas lo que no sabes. Hay mucho que ya sabes, pero hay MÁS que aprender. Esto es lo que Salomón quiso decir:

> *cuando dijo: "El temor del Señor es el principio de la sabiduría, y el conocimiento del Santo es el entendimiento".* **Proverbios 9:10**

Necesitas sabiduría Y comprensión. ¡Van de la mano!

> *Entonces Jesús respondió y les dijo: 'En verdad, les digo, si tienen fe y no duden ... si dicen a esta montaña:" Quítense y sean arrojados al mar ", se hará.'* **Mateo 21:21.**

HABLAR VIDA | Dr. Abraham Peters

Habla con tus montañas

Todos hemos tenido temporadas cuando los desafíos de la vida se sienten abrumadores. Durante esos momentos, es fácil sentirse tentado de hablar sobre lo malo que son las cosas. Tal vez recibió un informe médico malo, o tal vez se enfrenta a un obstáculo financiero. Cuantas más hablas de algo, más grande se vuelve en tu mente. En cambio, tienes que clavarte los talones y decir: "No, no voy a dar vida a esa derrota". No voy a hablar mal de mí mismo. No voy a hablar escases. No voy a hablar de miedo. Estoy eligiendo un informe diferente. Creo en el informe del Señor que dice que soy bendecido, Soy favorecido, Soy próspero, estoy saludable. Estoy completo. Soy un vencedor, no una víctima". La Biblia dice:

Jehová te bendecirá en tus alfolíes y en todo aquello en que hayas puesto tu mano, y te bendecirá en la tierra que Jehová tu Dios te está dando. **Deuteronomio 28:8**

Leyendo de **Génesis 50:1-5**, podemos decir que esta vida tiene que ver con el propósito. Muchos ven la casa de Dios, pero nunca desarrollan una relación personal con el Dios de la casa. Si no lo conoces, nunca vivirás la vida plenamente. Cuando te prueba la vida y experimentas la adversidad, no puedes responder simplemente diciendo 'iglesia': tienes que responder porque conoces a Dios. Puedes estar luchando con quién crees que eres, pero Dios sabe quién eres en realidad: ¡ERES UN GANADOR! Es solo por la gracia de

Dios que somos lo que somos hoy. Incluso en tu relación personal con Él, hay una profundidad de revelación que no obtendrá hasta que haya pasado por algunas cosas. La vida aún no ha terminado contigo, ¡todavía hay cosas que aún debes soportar! Creíste haber perdido algo, pero Dios te lo devolverá: tus últimos días serán mayores y vivirás lo suficiente para disfrutarlos. Tome nota de aquellos que miran hacia otro lado cuando está pasando por dolor. Mantenga sus bendiciones en su propia perspectiva. El secreto para tener favor es mantenerse enraizado en el lugar de donde viniste, no importa cuán alto llegues. *Lo único que puede matar el favor es cómo te ves a ti mismo.* Cambia de opinión y lucha por lo que quieres. (**Proverbios 23:7**)

Muchos se dirigen a la casa de Dios semana tras semana, pero nunca desarrollan una relación personal con el Dios de la casa. Te lo repito Si no lo conoces, nunca vivirás la vida plenamente. Cuando te prueba la vida y experimentas la adversidad, no puedes responder simplemente diciendo 'iglesia': tienes que responder por qué haz conocido a Dios. ¿Qué significa eso para ti? ¿Cuánto tiempo estás gastando en oración y devoción? ¿Estás quieto mientras esperas a escuchar de Dios? ¡Toda la armadura de Dios es lo que te equipará para la lucha! (**Efesios 6:10-18**). La palabra que se te comunicó el domingo por la mañana no es suficiente para atravesar las tormentosas estaciones de la vida. Su palabra y Sus promesas deben estar escondidas en lo más profundo de tu corazón. (**Salmo 119: 11**). Es en ese momento que puedes aplicar lo que sabes que la palabra de Dios dice a cualquier situación que te encuentres. En el **Salmo 25**, David se enfrentó a un momento difícil, pero fue su clamor a Dios que lo ayudó a superar los desafíos que enfrentaba. Dios está preocupado por ti en todos los sentidos, y la oración es tu conexión directa con él. (**Filipenses 4:6**). Saber lo que dice su palabra acerca de Ti y la adversidad con la que está tratando te dará fortaleza (**Salmo 119:105**). Aplicar su palabra en su caminar diario es lo que lo catapultará a través de los tiempos difíciles. (**Mateo 7: 24-27**)

El hecho es que la mayoría de nosotros luchamos con quienes creemos que somos, pero Dios sabe quiénes somos en realidad: ¡USTED ES UN GANADOR! Tendemos a reaccionar con base en lo que otras personas dicen que somos, no en quién Dios nos creó para ser. No importa lo que alguien te diga, ¡fuiste hecho asombroso y maravillosamente! (**Salmos 139:14**) Ninguna otra voz reemplaza a la del Señor: ¡Él te ha otorgado talentos y dones y te ha dado citas divinas que nadie más puede cumplir! Jacob (*que significa tramposo*) tuvo que luchar con las opiniones negativas del hombre, pero Dios le mostró su favor y cambió su nombre a Israel (*significando el príncipe*) (Génesis **32:22-32**) Tú eres un ganador, ¡eres más que un conquistador - es solo lo que Dios ha dicho sobre ti lo que importa! (Romanos 8:37) Puede ser un desafío al principio dejar de aceptar las opiniones de los demás como su realidad. (Romanos 12:1-2) ¡Debes cambiar tus pensamientos, cambiar tus asociaciones y comenzar a caminar en el círculo de ganadores, ya que ese es el lugar que Dios te ha llamado a ser! Comienza a declarar el favor y la victoria sobre tus circunstancias. ¡Cambia de opinión y observa tus sentimientos! (**Proverbios 18:21**)

Recuerda, incluso si no ves cómo las cosas podrían funcionar, Dios sí las ve. Tienes que hablar a esas montañas en tu vida y declarar favor sobre esas situaciones. En lugar de hablarle a Dios sobre cuán grandes son tus problemas, ¡habla con tus problemas acerca de cuán grande es tu Dios! ¡Mientras hablas a tus montañas, se conmoverán y avanzarás a la victoria que Dios ha preparado para ti! *Dios no mantuvo a Daniel fuera de la guarida del león; Lo conoció en eso. No guardó a Sadrac, Mesac y Abed-nego del horno de fuego; Él se unió a ellos en eso. Él no evitó que José fuera esclavo de Potifar; Él le dio favor en eso. Y lo encontró en la prisión también.* **La prueba de saber que estás donde Dios quiere que estés en tu desvío es que Dios no te libera de ella sino que se une a ti en ella.** Dios nos dice que nuestros sueños no tienen una fecha de vencimiento. Si lo envió, es porque quiere verlo cumplido. ÉL dijo: "*Mi palabra no volverá a mí vacía, sino que hará lo que yo quiero, y será prosperada en aquello para que la envié*". Las Palabras, caminos y pensamientos de Dios que Él ha enviado del cielo para ti, son para el propósito expreso de que sean cumplidos. En lo que concierne a Dios, no expirará, y cumplirá lo que Él la envió a hacer. Necesitamos tener la misma actitud que Dios tiene, y no podemos darnos por vencidos. No dejes que nadie ni nada te haga abortar tus sueños. ¡Se como un Pitbull recibiendo un hueso y no te rindas!

Puede que estés atravesando un momento oscuro en tu vida ahora mismo, pero quiero que sepas que las sombras muestran movimiento y solo son posibles cuando se exponen a la luz. Dios ya hizo provisiones para todo lo que sucederá en tu vida. (Jeremías 1:5) En el Antiguo Testamento, Dios nos enseña acerca de Jesús usando sombras y tipos. José era una sombra de Jesús y nuestro atisbo de cómo vendría y se enamoraría de la iglesia. Estas sombras nos muestran que Dios es estratégico. No te desanimes en tu época de sentir que estás en las sombras. (Gálatas 6:9). Todo lo que has encontrado es parte del intrincado plan de Dios para ti que se está uniendo entre bastidores. (Romanos 8:28). Estén animados y sepan que Dios los hará prosperar en su tierra de aflicción. La hambruna vendrá antes del favor. Si puedes soportar la hambruna en las sombras, ten un espíritu de expectativa de que cuando salgas a la luz, ¡fluirán bendiciones sin precedentes! (Jeremías 29:11)

¡No hay nadie que pueda maldecir lo que Dios ha bendecido! Permítanme reiterar, ¡NO HAY NADIE que pueda maldecir lo que Dios ha bendecido! Puede haber personas cercanas a usted que no tengan intenciones nada buenas, pero confíen en que Dios es un protector. Al igual que en Daniel 6:22, Dios envió a su ángel a cerrar la boca del león para protegerlo, Él hará lo mismo por usted. Las promesas de Dios son sí y amén (**2 Corintios 1:20**) usted tiene la bendición de Abraham sobre su vida - ¡DECLARO! (Gálatas 3:9) Es importante notar que cuando no estás todavía en el momento, tu favor viene cuando estás en un lugar de descanso en Cristo. Descansa en Cristo, sabiendo que él nunca te abandonará ni te dejara, y que es galardonador de aquellos que lo buscan diligentemente. (Hebreos 11:6) ¿Lo estás buscando con hambre? ¡Tienes que alabarlo en el lugar en el que estás ahora! ¡Esta batalla no es contra la carne (Efesios 6:12), mantén el rumbo! ¡Tu alabanza es tu arma que te posicionará para cosechar la bendición que está reservada para ti! Esta es tu temporada divina para el favor, ¡la doble bendición cruzada viene hacia ti! ¡RECÍBELO!

¡Tienes que saber que nuestro Dios soberano y asombroso puede tomar tus errores y convertirlos en milagros! Sí, eres humano y vas a cometer errores. El propósito de Dios no será abandonado porque estás navegando por las repercusiones de una mala elección. (Jeremías 29:11). La buena noticia es que, a pesar de nosotros mismos, Dios todavía nos usa, incluso en nuestras imperfecciones. ¡Lo que Dios ha ordenado sucederá! (Filipenses 1:6). Dios usará a los más pequeños para cumplir Su propósito divino. *Moisés* era un tartamudo, pero Dios lo usó para ayudar a su pueblo a cruzar el Mar Rojo en tierra seca (Éxodo 14). *David* fue un adúltero y un asesino, ¡y Dios aún lo usó de una manera poderosa! En definitiva, su voluntad es que recibas la gracia de Dios y su favor inmerecido en tu vida es todo lo que se necesitas para que los milagros abunden: su poder se perfecciona en nuestra debilidad (2 Corintios 12:9) *Dios no llama a los equipados, equipa al llamado.* Incluso en los errores que puedas haber cometido, ¡Dios todavía te acoge en Su maravillosa presencia con los brazos abiertos, y usará tus dones para el avance de Su reino! (**Mateo 11:28**) ¡Tus errores son una trampa para tus enemigos para que los milagros doblemente cruzados sucedan en tu vida!

La clave para completar su viaje a tu destino es resistir el impulso de retirarte a los espacios familiares del pasado. *Ignora la tendencia a glorificar lo que has dejado.* ¡Dios se está preparando para cruzar sus manos y abrir bendiciones en tu vida! ¡Él tiene una bendición de destino para ti! Incluso en medio de la tormenta, hay un lugar de estabilidad cuando tienes la bendición del Padre sobre tu vida. *José* vio a Dios trabajar con su mano izquierda cuando trajo a su familia a través de la hambruna. Sin embargo, fue cuando Dios lanzó una bendición inesperada sobre sus vidas, que experimentó el movimiento de la mano derecha de Dios en su vida: ¡una doble bendición cruzada! (**Génesis 41**) ¡Dios puede hacer lo mismo por usted! ¡Experiencia de Isaac favorecida en medio de la hambruna! Sembró semillas en un tiempo de sequía y aún experimentó un regreso de cien veces (**Génesis 26**) ¿Qué has sembrado durante tu hambruna? ¿Puedes ver que la mano de Dios ya está sobre ti y que Él está a punto de doblar tus bendiciones? Sí, has pasado por la hambruna, pero recuerda, ¡el favor vendrá de tu capacidad de confianza! ¡El que comenzó un buen trabajo en ti, puede completarlo! **(Filipenses 1:6)** Una inesperada bendición sobrenatural de un lugar improbable está a punto de abrirse camino en su vida. No te distraigas con el favor que ves en la vida de los demás: ¡lo que Dios tiene para ti es para TI! **(Jeremías 29:11)** Él lo conocía antes de la fundación de esta tierra, hay una bendición que Él ha declarado sobre usted, y su palabra no volverá a él vacía **(Isaías 55:11)**

Padre celestial, gracias por tu Palabra que es vida para mi espíritu. Recibo tu fuerza hoy y elijo hablar a las montañas para que pueda avanzar en la victoria que tienes reservada para mí en el nombre de Jesús. Amén.

Comprender la Conexión Espiritual y la Percepción de los Cinco Sentidos

La Biblia dice:

> A aquellos que son maduros pertenece a la comida fuerte ... que por la razón tienen sus órganos de percepción bien entrenados para discernir tanto el bien como el mal.
> **Hebreos 5:14**

Cuando Dios creó a Adán, le dio las herramientas necesarias para percibir su entorno: *ver, oír, oler, saborear y tocar*. Todo lo que los seres humanos saben sobre su entorno proviene de estos sentidos. Y como muchos han experimentado personalmente, la pérdida de uno o más de estos sentidos puede ser una gran desventaja. Por otro lado, los sentidos que poseemos nos permiten percibir la gran belleza de la creación. Estos sentidos están asociados con los órganos físicos y sensoriales:

1. **El ojo.** Tenemos dos ojos con los cuales detectar el universo visible que nos rodea. Es el más complejo de los sentidos y proporciona la mayor cantidad de datos a nuestros cerebros. Lo que sentimos es una vibración de luz que nuestras mentes convierten a una imagen. Una gran parte del cerebro está dedicada al procesamiento de imágenes para permitir el reconocimiento rápido de las cosas que vemos.
2. **El oído.** Tenemos dos oídos con los cuales detectar el universo audible. Este es el segundo más importante de nuestros sentidos y proporciona una cantidad considerable de datos al cerebro, como lo demuestra la capacidad de los ciegos para negociar su entorno utilizando su sentido del oído como su sentido primario. Al igual que con el ojo, el oído detecta las vibraciones del aire que el cerebro convierte en sonidos. Desde el momento de nuestro nacimiento, nuestros cerebros crean una gran base

de datos de sonidos que nos permiten identificar personas y lugares casi al instante.
3. **La nariz.** Nuestra nariz está bien posicionada para sentir olores frente a nosotros. Los tejidos de la nariz detectan químicos en el aire que el cerebro convierte a nuestra percepción del olfato. La nariz trabaja de cerca con la lengua para sentir y disfrutar la comida.
4. **La lengua.** La superficie de la lengua detecta sustancias químicas en los alimentos que comemos. Y, al igual que con los otros órganos, el cerebro convierte la información de la lengua en sensación de gusto. Todos hemos desarrollado un gran catálogo de gustos que brindan un gran placer a nuestras vidas.
5. **La piel.** La piel es un órgano sensorial, aunque típicamente no se considera como tal. Los nervios que impregnan cada pulgada cuadrada de la piel envían constantemente señales al cerebro. La interpretación de estas señales proporciona nuestro sentido del tacto. No es solo la percepción del contacto; podemos distinguir una gran variedad de sentimientos, como suave, duro, caliente, frío, liso, áspero y similares.

La Biblia se refiere a Dios como que tiene *"ojos"* y *"oídos"* y otros órganos sensoriales. Pero estos son *antropomorfismos*, descripciones de Dios en términos que podemos entender.

El ojo: Ver

"Y Moisés tenía ciento veinte años cuando murió: su ojo no era débil, ni su fuerza natural disminuía." **Deuteronomio 34:7**

Esto simplemente se refiere a los ojos literales de Moisés. Todavía funcionaban perfectamente incluso cuando tenía 120 años. Otras Escrituras usan el *"ojo"* metafóricamente:

Cuídate de que no haya un pensamiento en tu corazón perverso, diciendo: El séptimo año, el año de la liberación, está a la mano; y tu ojo sea malo contra tu hermano pobre, y no le des nada; y clamará a Jehová contra ti, y será tu pecado. **Deuteronomio 15: 9**

"El que tiene ojos generosos será bendecido; porque él da su pan a los pobres. **Proverbios 22: 9**

Estas son referencias a una actitud mental o estado mental. *"Si tu ojo es malo"* se refiere a un estado de ánimo malvado hacia otro como lo demuestra la falta de compasión y generosidad.

Este es un uso similar del Nuevo Testamento:

La luz del cuerpo es el ojo: si, por lo tanto, tu ojo es bueno, todo tu cuerpo estará lleno de luz". Pero si tu ojo es malo, todo tu cuerpo estará lleno de oscuridad. Por tanto, si la luz que está en ti es tinieblas, ¡cuán grande es esa oscuridad! **Mateo 6: 22,23).**

La NVI es más clara:

"El ojo es la lámpara del cuerpo". Si tus ojos están bien, todo tu cuerpo estará lleno de luz. Pero si tus ojos son malos, todo tu cuerpo estará lleno de oscuridad. Si entonces la luz dentro de ti es la oscuridad, ¡cuán grande es esa oscuridad! "

Esto describe un estado de ánimo o corazón que dirige nuestras acciones. Nuestros cuerpos están *"llenos de luz"*, irradiando bondad y rectitud, solo si nuestra mente, actitud y visión son buenas y espirituales.

En una ocasión, Jesús describió cosas que entran en nuestros ojos:

¿Y por qué miras la paja que está en el ojo de tu hermano, pero no consideras la viga que está en tu propio ojo? ¿O cómo le dirás a tu hermano: ¿Déjame sacar la mota de tu ojo? y he aquí una viga en tu propio ojo? Hipócrita, primero echa fuera la viga de tu propio ojo; y entonces verás claramente para echar fuera la mota del ojo de tu hermano. **Mateo 7:3-5**

Nuestro Señor está describiendo una ceguera mental ante nuestras propias fallas y prejuicios, una condición conocida como *"punto ciego"*. Jesús nos aconseja deshacerse de tales impedimentos para que podamos tener una percepción completa y honesta de la verdad, en nosotros mismos y en otros.

Otro ejemplo de un ojo que representa la percepción mental se refiere a la iglesia de Laodicea:

> *"Yo te aconsejo que compres de mí oro probado en el fuego ... y unge tus ojos con colirio, para que veas"* **Apocalipsis 3:18**

Los Laodiceanos están sufriendo de ceguera mental significativa. No pueden ver o aprehender mentalmente en su condición. El Señor les aconseja que tomen medicina ocular para restaurar su vista. Este colirio es nada menos que la verdad y su espíritu.

El oído: Audiencia

> *"El oído que oye, y el ojo que ve, el SEÑOR ha hecho a ambos"* **Proverbios 20:12**

El objetivo de este texto es que Dios es capaz de ver y escuchar, ya que es el creador de los órganos de la vista y el oído. ¡La implicación es que nos engañamos a nosotros mismos si pensamos que Dios no puede ver ni escuchar lo que estamos haciendo!

El uso simbólico o metafórico del oído se refiere a la obediencia, como se muestra en estos textos:

> *Así que te dije; y no quisieron oír, sino que se rebelaron contra el mandamiento de Jehová, y subieron presuntuosamente al monte.* **Deuteronomio 1:43**

> *Como un pendiente de oro y un adorno de oro fino, así es un reprobador sabio sobre un oído obediente.* **Proverbios 25:12**

> *Escucha, escucha mi voz; escucha y escucha mi discurso.* **Isaías 28:23**

> *Sin embargo, no obedecieron, ni inclinaron su oído, sino que caminaron cada uno en la imaginación de su malvado corazón; por tanto, traeré sobre ellos todas las palabras de este pacto, que les mandé que hiciesen; pero ellos no lo hicieron.* **Jeremías 11:8**

> *"El que tiene oído, oiga lo que el Espíritu dice a las iglesias; Al que venciere, le daré a comer del árbol de la vida que está en medio del paraíso de Dios.* **Apocalipsis 2:7**

Este uso es común en nuestro idioma. Muy a menudo usamos la palabra *"escuchar"* para manifestar obediencia. Un padre podría decirle a un niño: *"¡No me escuchaste!"*, Lo que significa que el niño no hizo lo que se le dijo que hiciera. Cuando le damos instrucciones a alguien, esperamos que escuche en el sentido de llevar a cabo las instrucciones tal como se le dieron.

Se espera que escuchemos o escuchemos con la comprensión de que se aplicará el conocimiento impartido. Dios nos llama a escucharlo para que nuestras vidas sean más seguras y sin la tragedia traída por la desobediencia.

La nariz: Oler

En los tiempos del Antiguo Testamento, el sentido del olfato se invocaba siempre que había sacrificios de animales. Las ofrendas quemadas en los altares antiguos producirían olores distintivos que se asociaron con el sacrificio.

Considere los olores del Día de la Expiación como un ejemplo. Hubo tres fuegos ardiendo en el Día de la Expiación en el antiguo Israel:

> *el fuego en el altar del incienso, el fuego en el altar del patio y el fuego "fuera del campamento" donde se quemaron las heces y estiércol de los animales.* **Levítico 8: 17**

Cada fuego tenía un olor único.

El altar de incienso habría producido la fragancia más deliciosa. Los ingredientes: del incienso sagrado llenarían el tabernáculo con un dulce y maravilloso olor.

El altar del holocausto recibió las partes interiores del animal sacrificial para quemarlo. Estos órganos dadores de vida habrían producido un fuerte olor a comida, no dulce, como el incienso, sino un olor agradable, ¡tal vez incluso estimulando el apetito!

El fuego fuera del campamento donde se habían quemado la piel y los restos de la bestia habría producido un olor desagradable, del tipo asociado con la quema de pelo y piel.

Estas experiencias olorosas de Israel brindan lecciones con respecto a las experiencias que los miembros del cuerpo de Cristo reciben de las pruebas difíciles y feroces de sus vidas y la reacción que otros tienen a estas experiencias.

El dulce perfume de la quema de incienso proporciona una sensación de serenidad e intimidad. Debido a que solo los sacerdotes podían entrar al tabernáculo donde se encontraba el altar del incienso, ellos fueron los únicos que apreciaron ese olor dulce, ilustrando la maravillosa y preciosa comunión que solo puede ser compartida por los sacerdotes consagrados y anti-típicos. Al observar las reacciones de otros miembros del cuerpo durante sus pruebas de fuego, su fiel obediencia es para nosotros un "dulce sabor".

El olor a comida que emanaba del altar de la ofrenda quemada en la corte fue experimentado por un gran número de israelitas porque este altar estaba abierto. Su ubicación en la corte sugiere que nuestro sacrificio visto por los justificados, aquellos que aman al Señor, pero no han hecho una consagración hasta la muerte, produce un "olor" de obediencia sacerdotal que es agradable y estimulante para la familia de la fe.

El hedor de la quema fuera del campamento sugiere la visión que tiene el mundo de nuestras vidas consagradas. No solo creen que somos tontos (**1 Corintios 1: 27,28**), nuestro sacrificio a menudo es despreciado, incluso odiado. Verdaderamente el hedor proporcionado por este fuego bien representa una reacción de este tipo.

La expresión "dulce sabor" se encuentra con frecuencia en la Biblia King James. ¡En casi todos los casos, se refiere a cómo Dios recibe un sacrificio! Dios quiere que comprendamos cómo percibe el comportamiento obediente de su pueblo. En el Nuevo Testamento, la frase aparece solo una vez:

> *Porque para Dios somos un dulce perfume de Cristo, en los que se salvan, y en los que se pierden; para los que somos, olor de muerte para muerte; y para el otro, el sabor de vida para vida.* **2 Corintios 2:15, 16**).

La lengua: degustación

Estamos restringiendo el alcance de nuestra consideración de la lengua al sentido del gusto. ¡Un sentido del gusto es un testimonio del amor de Dios!

Necesitamos comer para sobrevivir, y eso será verdad para toda la humanidad por la eternidad. Sentarnos a comer es uno de los eventos diarios más placenteros que tenemos. No es solo la ingestión de alimentos, sino el intercambio social lo que la convierte en una bendición.

¡Cuán dulces son tus palabras para mi gusto! sí, más dulce que la miel en mi boca. **Salmo 119: 103**

El "sabor" de las palabras de Dios, la verdad, es una delicia para todo el pueblo de Dios. Lo que no se sabe comúnmente es que nuestro sentido del gusto sería inútil sin agua. El agua, el solvente universal, ¡funciona con enzimas en nuestra saliva para disolver nuestros alimentos y así poder degustarlos! El agua a menudo representa la verdad en la Biblia. Solo podemos *"probar"* a Dios a medida que tenemos la verdad. Sin verdad no hay sabor, solo ignorancia.

A menudo sometemos nuestros alimentos a un sabor rápido para ver si están sazonados correctamente. Una idea similar se transmite en un salmo:

Prueba y ve que el Señor es bueno; bendito es el hombre que confía en él. **Salmo 34:8**

¡Estas palabras sugieren que probamos a Dios, no en el sentido negativo de desconfiar de él, sino más bien para probar sus promesas y ver que lo que Dios dice es verdad!

Cuando aprendemos que las palabras de Dios son confiables, podemos confiar en él y experimentar sus bendiciones.

Pero vemos a Jesús, que fue hecho un poco más bajo que los ángeles por el sufrimiento de la muerte, coronado con gloria y honor; para que él por la gracia de Dios pruebe la muerte por cada hombre. **Hebreos 2:9**

"Sabor" en este contexto significa que Jesús experimentó la muerte, muriendo en la cruz. Dado que esa muerte proporcionó un precio de rescate para Adán para que pudiera ser rescatado de la muerte, toda la progenie de Adán también será recuperada. Jesús *"saborea la muerte por cada hombre"* para que todos puedan ser redimidos de la muerte adámica.

En una ocasión, Jesús usó la *"muerte como degustación"* para describir la muerte literal de alguien:

De cierto os digo que hay algunos que están aquí, que no gustarán la muerte hasta que vean al Hijo del hombre viniendo en su reino. **Mateo 16:28**

Jesús está diciendo que habría algunos que lo verían en su reino antes de morir, y esto realmente le sucedió a Pedro, Santiago y Juan en la visión que se describe en los versículos iniciales de **Mateo 17**.

La piel: tocar

Pero del fruto del árbol que está en medio del jardín, Dios dijo: No comeréis de él, ni lo tocaréis, para que no muráis
Génesis 3:3

La ley dada en el Edén no era solo que el fruto de un árbol no debía ser comido, ¡ni siquiera debía ser tocado! Tendemos a enfatizar que comer el fruto prohibido como el pecado, pero técnicamente -según las palabras precisas que recitó- tan pronto como Eva lo tocó, ¡había violado la ley! Además, conforme leemos en el proceso de su pecado, encontramos en el sexto verso que fue *"agradable a los ojos"*.

Hay mucho que aprender sobre el papel de los sentidos en la comisión del pecado. Después de que Satanás, a través de la serpiente, había puesto dudas en la mente de Eva, comenzó a percibir la fruta prohibida de manera diferente. Mientras lo miraba, un deseo comenzó a crecer. La lujuria de sus ojos pronto dio paso a un toque, y el toque a un mordisco, y con la mordida, el pecado se logró.

Santiago habla acerca de este proceso de desarrollar el pecado:

Pero cada uno es tentado, cuando es atraído por su propia lujuria y seducido. Entonces, cuando la concupiscencia concibió, dio a luz el pecado; y el pecado, una vez consumado, dio a luz la muerte. **Santiago 1: 14,15**

El deseo o deseo de Eva fue causado por una duda introducida por el diablo. Creció a través de los sentidos: la vista fue agradable. La Escritura no menciona el olor del árbol y de su fruto, pero sin duda tenía su propio atractivo. Luego vino el contacto, la conexión real con lo que estaba prohibido, y de esto fue solo un pequeño paso hasta la violación total y final de la ley: el verdadero comer de la fruta.

Debemos estar en guardia para evitar que esta cascada de pensamiento pecaminoso ocurra en nosotros. Si nos comprometemos y viajamos por el camino hasta el punto del toque pecaminoso, hemos llegado al último límite antes del pecado real. Pablo entendió este peligro:

> *En cuanto a lo que me escribisteis: Es bueno que el hombre no toque a una mujer.* **1 Corintios 7:1**

El mundo en el que vivían los corintios estaba lleno de inmoralidad. Entonces, Pablo hizo una prevención simple: ¡No toques!

> *Desde que moriste con Cristo a los principios básicos de este mundo, ¿por qué, como si todavía pertenecieras a él, te sometes a sus reglas: 'No manejes! ¡No pruebes! ¡No tocar!'? Todos están destinados a perecer con el uso, porque están basados en los mandamientos y las enseñanzas humanas.* **Colosenses 2:20-22 (NVI)**

Nuestros cinco sentidos nos conectan con nuestro entorno. Los usos literales y simbólicos en las Escrituras transmiten esta idea de conexión y percepción, tanto la apropiada como la inapropiada. Los que hemos consagrado nuestra vida humana experimentaremos un cambio dramático en nuestros sentidos cuando recibamos cuerpos espirituales. ¿Tendremos solo cinco sentidos entonces? La probabilidad es que será considerablemente más de cinco.

Juan registra una maravillosa promesa que da una pista de lo que experimentará entonces:

> *Amados, ahora somos hijos de Dios, y aún no se ha manifestado lo que seremos; pero sabemos que cuando él aparezca, seremos semejantes a Él; porque lo veremos tal como es.* **1 Juan 3:2**

CÓMO ACTIVAR TUS SENTIDOS ESPIRITUALES

El enemigo ODIA la idea de que crezcas en una relación cercana con Dios con sentidos espirituales completamente funcionales. Cuando experimentes intimidad con Dios, sabrás cuán vergonzosos y únicos son sus esquemas y accesos. El poder y la presencia de Dios abundan y te ofrecen más provisiones de las que puedes comprender. Puedes experimentar a Dios en un nivel completamente diferente si estás atento a tus sentidos espirituales. En un esfuerzo por aprovecharte de la comunión, el enemigo te atacará de niño cuando lo correcto y lo incorrecto esté construido en gran parte por tu entorno. De muchos niños se han reído o incluso se les ha disciplinado por decir que vieron un monstruo debajo de la cama, cuando en realidad estaban presenciando un ser espiritual. Estamos en un lugar peligroso cuando se hacen burlas sobre la capacidad de los niños de usar sus sentidos espirituales. Cuando ven las cosas espirituales en el espíritu, y los padres ignoran el significado detrás de lo que ven en el espíritu o en sus sueños.

La Biblia en los sentidos espirituales

En **Daniel 4:9**, cuenta la respuesta de Nabucodonosor (el Rey de Babilonia y sirviente de otros dioses) cuando tuvo visiones en su mente que lo perturbaron tanto que no pudo dormir. La Biblia dice:

> *Yo, Nabucodonosor, estaba descansando en mi casa y prosperando en mi palacio. Vi un sueño y me dio miedo; y las fantasías, los pensamientos y las visiones [que aparecían] en mi mente mientras yacía en mi cama no dejaban de alarmarme. Entonces di órdenes de traer ante mí a todos los sabios de Babilonia, para que me dieran a conocer la interpretación del sueño. Entonces llegaron los magos, los encantadores (Magos), los caldeos [que eran los maestros astrólogos] y los adivinos, y les conté el sueño, pero no pudieron interpretarlo y darme a conocer su significado. Pero al fin vino Daniel delante de mí, que se llama Beltsasar, según el nombre de mi dios, y en quien*

está el espíritu de los dioses santos; y le conté el sueño, diciendo: 'Oh, Beltsasar, jefe de los magos, porque sé que hay un espíritu de los santos dioses en ti y ningún misterio te desconcierta ni te molesta; cuéntame las visiones de mi sueño que tengo visto, junto con su interpretación.

Nabucodonosor no estaba dormido cuando vio estas imágenes y simplemente pensó en las impresiones que estaban en su mente. Sabía que no estaba manipulando los pensamientos, por lo que identificó que provenían de otra fuente. No podía entender lo que la fuente intentaba comunicarle, por lo que buscó desesperadamente una interpretación.

Nabucodonosor era conocido por hacer muchas cosas malas, y nunca fue conocido como un siervo del Dios Altísimo. A pesar de los hechos, Nabucodonosor estaba muy atento a sus sentidos espirituales. Escuchó la comunicación en sus sueños y buscó extensamente una interpretación. Si los malvados están atentos a su comunicación de parte de Dios, ¿no crees que es triste que lo "espiritual" muchos de los llamados predicadores, iglesias y muchos cristianos hoy ignoran cómo ser sensibles a escuchar la voz de Dios?

Ciencia y los sentidos espirituales

La eternidad es un lugar espiritual que es reconocido por las partes de tu mente que actualmente no están en uso. La ciencia ha reafirmado el hecho de que la mayoría del cerebro no se usa. Solo el 10% de la función cerebral ha sido confirmada. Algunos científicos dicen que las funciones del otro 90% del cerebro son simplemente desconocidas mientras que científicos como Albert Einstein dicen que el 90% no está en uso. Cuando nuestros cerebros están conectados con el reino espiritual, podemos hacer uso de las partes no utilizadas de nuestro cerebro mediante el uso de nuestros sentidos espirituales: vista, tacto, oído y olfato. Pablo habló sobre cómo necesitamos ejercitar nuestros cerebros y restaurar el uso de cada parte de nuestro cerebro.

En **Hebreos 5:14**, él dijo: *"Pero el alimento sólido pertenece a los que son mayores de edad, es decir, aquellos que por el uso tienen sus sentidos ejercitados para discernir entre el bien y el mal".*

¡DEBES ejercitar tus sentidos espirituales! Vaya más allá del ámbito de escuchar un mensaje de una iglesia, un pastor o incluso su Biblia, dedique tiempo de calidad al culto, ayuno y oración para entrar en el reino donde puede ver a los ángeles, el enemigo, nuestro Padre, Jesús y usted puede identificar al Espíritu Santo La Palabra se hizo carne, por lo que se te presenta a Dios a través de su carta de amor (la Biblia), pero ahora es tiempo de que lo veas y tengas una relación íntima con Él.

Formas en que nuestros sentidos espirituales pueden ser utilizados. Aquí hay algunas formas en que Dios te habla:

- Audible Voz Él se encontró con los antiguos profetas del testamento y habitó en los nuevos profetas del testamento.
- Interior (reconocible a través de la intimidad)
- Pensamientos
- Visiones
- Sueños
- Ángeles
- Dones del Espíritu
- Circunstancias
- La Palabra de Dios amplía y nunca contradice la voz de Dios
- Gente
- Naturaleza
- La astronomía ha contado muchos secretos históricamente y se ha predicho en la Biblia que aún contiene muchos secretos
- Instrucciones
- Numerología (no tanto sobre números sino secuencia) a través de la numerología, hay un patrón de significados numéricos, y puedes ver eventos o nombres

Sentidos espirituales y guerra

En lugar de luchar en la oscuridad; inconscientes o desatentos de tus enemigos o tus aliados, sé ofensivo; escuchando a Dios en tus sueños, ¡visiones, visitaciones u otras vías de comunicación! La mayoría de los libros de guerra espiritual se centran en las respuestas defensivas a los ataques, pero ¿por qué debería permitir que el enemigo esté cerca de su territorio? ¡El no debería! Activa tus sentidos espirituales y usa el discernimiento. Proteja sus puertas y manténgase en una postura ofensiva. La Biblia dice que, si pides una respuesta y buscas a Dios por ella, tocarás y la puerta se abrirá para ti. Pregúntale a tu padre y él te responderá con respecto a tus preocupaciones actuales. Esté preparado para su respuesta a través de cualquier portal que Él se comunique.

Sentidos espirituales vs. Sentidos físicos

Cómo los espíritus y los cuerpos físicos difieren en la forma en que se transmite la comunicación. Ambos tenemos sentidos espirituales, pero los utilizamos de manera diferente. En lo físico, nuestra comunicación se transmite a través de la respiración a través de las cuerdas vocales, lo que crea una onda de vibración que se transmite al conducto auditivo de la otra persona y se interpreta en el cerebro.

HABLAR VIDA | Dr. Abraham Peters

Cómo es cuando se comunica con seres espirituales

En la comunicación entre seres espirituales, las estructuras físicas generalmente no se utilizan. Por el contrario, escuchar el mensaje lo realiza su corazón, y su visión se realiza en la pantalla de su mente a través de impresiones de pensamiento. Los pensamientos que no puedes manipular son aquellos que son recibidos por otra fuente; ya sea del Reino de la Oscuridad o del Reino de la Luz. Una vez que escuche a Dios, notará la importancia del don de discernimiento de espíritu.

Escucharás voces y verás imágenes porque fuiste creado con sentidos espirituales que incluyen la vista. Simplemente no le has prestado atención, así que tu cerebro descarta lo recibido debido a tu patrón de interés. Hay muchas cosas que son en gran medida importantes para su destino y que actualmente está desactualizado. Cuando sintonices, oirás el reino de los espíritus de las tinieblas, el Reino de la Luz y tu carne. Cuando escuches todas estas voces, comenzarás a preguntar: "¿Cómo puedo decir qué voces soy yo, el enemigo, Dios o los ángeles? ¿Cómo sé la fuente de las imágenes?

Identificando tu carne con tus sentidos espirituales

Tu carne puede identificarse por su intención egoísta; típicamente haciendo declaraciones en *"YO"* que me elevan como "*soy demasiado bueno para eso*", "*¿cómo me beneficiarán?*", *"quiero"*, *"me gusta"* y declaraciones como esa. Las palabras que describen declaraciones de carne son todas aquellas que comienzan con uno mismo, *"amor propio"*, *"autosuficiente"*, *"autoestima"*, etc. Para ser guiado por el Espíritu, debes crucificar tu carne. En lugar de ser controlado por el ego o la carne, permites que tus elecciones, tu voluntad y tus expresiones se basen en lo que ves o escuchas del Reino de la Luz.

Identificando el Reino de la Oscuridad con Tus Sentidos Espirituales

Hay formas ilegales de ingresar a lugares espirituales que el Reino de las Tinieblas desea y entra a robar, matar o destruir de su misión. Dejan impresiones de pensamiento que causan la destrucción de su tarea o la asignación de aquellos a los que está conectado. Son tentadores profesionales, y han hecho vigilancia para reconocer las debilidades en su linaje. Tienen registros que pueden rastrear que se remontan a Adán y Eva, y estos registros se pueden rastrear fácilmente en su ADN. Sus voces tomarán paz, alegría, amor, unidad, fe, esperanza y otras virtudes que son vitales para su bienestar. Si no está discerniendo o no está llevando un registro de las virtudes que el Padre le ha dado, le robarán, y ni siquiera lo identificarán.

Identificando el Reino de Luz con Tus Sentidos Espirituales

El Reino de la Luz desea aumentar, restaurar y avanzar su tarea. Sus voces agregan nutrientes a tu espíritu, te promueven, aumentan tus habilidades y te dan vida. Los ángeles están felices de transmitir palabras para aumentarlo. Cuando Tienen una revelación muy pobre en tu espíritu y logras identificar los depósitos del Reino de Luz. Dios te ama cariñosamente y le encanta depositar más en tu espíritu, ideas no manipuladas que te impulsan en el propósito de Reino. En cuanto a los sentidos espirituales del tacto y el olfato, por lo general se confunden con los sentidos físicos, aunque se perciben a través de los sentidos espirituales. Por ejemplo, puedes oler el humo, pero no puedes encontrar una fuente física o puedes sentir que alguien te está tocando, y cuando miras a tu alrededor, no puedes encontrar a nadie allí.

USANDO TUS SENTIDOS ESPIRITUALES

El don del discernimiento de espíritus es uno de los dones espirituales más desconcertantes, así que aclaremos algún lenguaje sobre ver en el espíritu. Ningún creyente tiene el *"don de ver en el espíritu"* porque no existe tal cosa. El don que realmente está funcionando cuando alguien dice que él o ella está viendo en el espíritu es *el don del discernimiento de los espíritus*.

El discernimiento de los espíritus es un verdadero regalo del Espíritu Santo que se encuentra en **1 Corintios 12**. Ver en el espíritu es solo una de las formas en que el discernimiento de los espíritus funciona. Los videntes son aquellos que típicamente funcionan en un alto nivel de discernimiento de espíritus, generalmente a través de la vista espiritual.

Discernimiento de los espíritus El don del discernimiento de los espíritus es un don de comunicación a través del cual el Espíritu Santo nos hace conscientes de nuestra atmósfera espiritual y el entorno que nos rodea. La forma principal en que esto funciona es a través de nuestros cinco sentidos espirituales que Dios colocó dentro de cada uno de nosotros. Para comprender cómo funciona el discernimiento de los espíritus, debemos comprender nuestros sentidos espirituales. La mayoría de las personas solo se dan cuenta de que tienen cinco sentidos físicos. La verdad es que tenemos tres conjuntos de cinco sentidos. La ciencia ha demostrado que el cuerpo físico tiene cinco sentidos que nos permiten interactuar con el entorno: el gusto, el tacto, el olfato, la vista y el sonido. Además de tus cinco sentidos físicos, cada persona tiene cinco sentidos en su alma y cinco sentidos en su espíritu.

La Biblia dice:

> *Que el mismo Dios, el Dios de paz, te santifique por completo. Que todo tu espíritu, alma y cuerpo sea guardado irreprensible en la venida de nuestro Señor Jesucristo.* **1 Tesalonicenses 5:23.**

La Escritura tiene muchos versículos que muestran que somos un ser de tres partes que consiste en un espíritu, alma y cuerpo.

Los sentidos del Alma: la experiencia y la cultura dictan nuestras propias reacciones individuales al gusto, el tacto, el olfato, el sonido y la vista a través de nuestra alma. Por ejemplo, el olor trae recuerdos. Si tuviera que regalar flores a una persona, puede traer buenos recuerdos como las flores de una boda, pero si le doy las mismas flores a otra persona, puede traer malos recuerdos de un funeral. Esta no es una reacción física a las flores o su olor; es una reacción del alma individual.

Si dos personas caminan juntas y se cruzan en el camino de un perro, a una persona le pueden gustar los perros y comenzar a acariciar al perro; sin embargo, la segunda persona puede tener miedo y comenzar a sentirse incómoda. Esta es también una respuesta de los sentidos individuales del alma. La forma en que vemos el mundo y la manera en que escuchamos a los demás se ve afectada por la condición de nuestra alma. Además, la voluntad de tocar ciertas cosas como una serpiente puede ser fácil para algunos o aterradora para otros, dependiendo de la condición del alma. Incluso el sabor de algunos alimentos traerá respuestas variadas de diferentes personas.

El alma humana tiene sentidos como el cuerpo físico. Cada categoría de sentidos tiene un ámbito con el que interactúa. *Los sentidos físicos interactúan con el reino físico, los sentidos del alma interactúan con el reino interpersonal. Y el espíritu tiene sentidos que interactúan con el reino espiritual.*

Sentidos espirituales: así como tenemos cinco sentidos que nos proporcionan información sobre el mundo físico, también tenemos sentidos en contacto con el mundo espiritual. Los sentidos espirituales son tan importantes como los sentidos físicos. Desafortunadamente, la mayoría de nosotros no hemos desarrollado nuestros sentidos espirituales. Muchos cristianos ni siquiera creen que tengan ningún sentido espiritual. Me gusta preguntarles: "¿Alguna vez te ha tentado el diablo?" Por supuesto, responden que sí. Entonces me gusta decir: "¿Cómo oíste al diablo? No podrías escucharlo si no tuvieras oídos espirituales. "Es triste, pero muchas personas tienen más fe en que el diablo nos habla que en que Dios nos hable. En realidad, la Biblia deja en claro que todos tenemos ojos y oídos espirituales.

Cuando Eliseo oró por su siervo, no oró para que Dios le diera ojos, pero oró para que Dios le abriera los ojos (Lea **2 Reyes 6:17**). *En* **Efesios 1:18,** Pablo no oró para que los santos reciban ojos, sino para que Dios abra los ojos de sus corazones. Ya tenemos ojos y oídos espirituales. Lo que necesitamos es tenerlos abiertos. Necesitamos ser sensibles. Es un hecho que tenemos sentidos en nuestro espíritu a través de los cuales interactuamos con el reino espiritual. Cuando el don del discernimiento de los espíritus está funcionando, es a través de estos sentidos espirituales que recibimos la comunicación.

En la comunicación humana, los dos sentidos principales que usamos más a menudo para relacionar la información son el sonido y la vista. La comunicación en lo natural se recibe a través de la escucha, así como a través del lenguaje corporal y las expresiones faciales. Dios también se comunica a través de los otros tres sentidos (gusto, tacto y olfato), pero la mayor parte del tiempo Él hablará a través de ver y escuchar. Debido a que los sentidos espirituales del gusto, el olfato y el tacto son los menos entendidos, los siguientes ejemplos muestran cómo, ocasionalmente, Dios puede hablarnos a través de estos sentidos.

La comunicación en lo natural se recibe a través de la escucha, así como a través del lenguaje corporal y las expresiones faciales.

Sabor - Y me dijo:

> *Hijo de hombre, come lo que está delante de ti, come este rollo; luego ve y habla a la casa de Israel. "Abrí, pues, mi boca, y me dio el rollo para comer. Luego me dijo: "Hijo de hombre, come este rollo que te doy y llena tu estómago con él". Así que lo comí, y sabía tan dulce como la miel en mi boca.* **Ezequiel 3:1-3**

Si de repente saboreamos algo dulce, agrio o salado, pero el sabor no es el resultado de algo que hayamos tenido que comer o beber físicamente, debemos preguntarle al Señor si está tratando de hablar con nosotros. En ocasiones, en el Antiguo Testamento, Dios habló a Sus profetas a través de experiencias con gusto espiritual.

Olor - *Pero gracias a Dios, que siempre nos guía en procesión triunfal en Cristo y a través de nosotros, extiende a todos lados la fragancia del conocimiento de él.* - **2 Corintios 2:14**

Toque: cuando Jesús estaba en camino, la multitud casi lo aplastó. Y había una mujer que había estado sangrando durante 12 años, pero nadie podía curarla. Ella se acercó detrás de él y tocó el borde de su manto, e inmediatamente su hemorragia se detuvo.

> *"¿Quién me tocó?", Preguntó Jesús. Cuando todos lo negaron, Pedro dijo: "Maestro, la multitud te aprieta y oprime". Pero Jesús dijo: "Alguien me tocó; Sé que ese poder se ha ido de mí "* **Lucas 8: 43-46**

Este es un gran ejemplo de la diferencia entre el contacto físico y el toque espiritual. De acuerdo con esta historia, Jesús fue casi físicamente aplastado, pero cuando alguien extendió su mano y extrajo el poder sanador de su espíritu, declaró que alguien lo había tocado, hablando espiritualmente, por supuesto.

El discernimiento se define como *"la cualidad de poder comprender y comprender lo que es oscuro; un acto de percibir algo; un poder para ver lo que no es evidente para la mente promedio"*. La definición también enfatiza la precisión, como en *"la capacidad de ver la verdad"*. *El discernimiento espiritual es la capacidad de distinguir entre la verdad y el error. Es básico para tener sabiduría.* Jesús, hablando a sus discípulos acerca de los fariseos, dijo:

> *A vosotros se os ha sido dado conocer los secretos del reino de los cielos, pero a ellos no se les ha dado.* **Mateo 13:11**

Satanás ha "cegado las mentes de los incrédulos" (**2 Corintios 4:4**), por lo que Dios debe arrojar luz sobre la mente humana para que podamos comprender la verdad. Es imposible alcanzar la sabiduría sin Dios. Él da discernimiento o se lo quita (**Job 12: 19-21**). El discernimiento espiritual es una conciencia dada por Dios del mal o buenas presencias espirituales: la capacidad de decir si un demonio está en la habitación. El discernimiento espiritual en última instancia tiene que ver con la sabiduría y la capacidad de distinguir la verdad del error.

La sabiduría se personifica en **Proverbios 1** y se describe como alguien a quien podemos *"conocer"* (**vv. 20-33**). La Biblia dice que Jesucristo es *"sabiduría de Dios"* (**1 Corintios 1:30**). Por lo tanto, la sabiduría o el discernimiento espiritual es algo que proviene de conocer a Jesucristo. La forma en que el mundo obtiene la sabiduría es diferente de la manera de Dios. Lo aprendido del mundo adquiere conocimiento y aplica la razón al conocimiento para resolver problemas, construir edificios y crear filosofías. Pero Dios no hace que el conocimiento de Sí mismo esté disponible por esos medios. **Primera de Corintios 1:18-31** *dice que la "sabiduría de los sabios" se ve frustrada por Dios que entrega la sabiduría a los "necios" y los "débiles"* a través de una relación con Jesucristo. De esa manera, *"ningún ser humano puede jactarse en su presencia"* (**v.29**). Aprendemos a discernir espiritualmente al conocerlo.

No está mal tener conocimiento o educación, y no está mal usar la razón y la lógica para resolver problemas. Sin embargo, el discernimiento espiritual no se puede lograr de esa manera. Debe ser dada por la revelación de Jesucristo al creyente, y luego desarrollada a modo de entrenamiento en justicia (**Hebreos 5:14**) y oración (**Filipenses 1:9**). **Hebreos 5:11-14** muestra cómo se desarrolla el discernimiento espiritual. El escritor habla a aquellos que se habían vuelto "*sordos de oído*", lo que significa que habían perdido la práctica de discernimiento espiritual. El escritor de Hebreos les dice que todos los que viven de la "leche" (en lugar del "*alimento sólido*" deseado por los maduros) no están capacitados en la palabra de justicia; sin embargo, el cristiano maduro ha sido "*entrenado por la práctica constante para distinguir el bien del mal*". Las claves, de acuerdo con este pasaje, se están convirtiendo en expertos en la Palabra de Dios (por medio de la cual definimos la rectitud) y la "*práctica constante*" (mediante la cual ganamos experiencia).

Entonces, ¿cómo se puede aumentar el discernimiento espiritual? Primero, reconociendo que Dios es el único que puede aumentar la sabiduría, ore por ella (**Santiago 1:5, Filipenses 1:9**). Entonces, conocer la sabiduría para distinguir el bien del mal proviene del entrenamiento y la práctica, ir a la Biblia para aprender la verdad y, mediante la meditación de la Palabra, reforzar la verdad. Cuando un banco contrata a un empleado, se le capacita para reconocer facturas falsificadas. Uno podría pensar que la mejor manera de reconocer una falsificación sería estudiar varias falsificaciones. El problema es que se crean nuevas falsificaciones todos los días. La mejor manera de reconocer una factura falsificada es tener un conocimiento íntimo de la realidad. Habiendo estudiado facturas auténticas, los cajeros bancarios no se dejan engañar cuando aparece una falsificación. El conocimiento de lo verdadero les ayuda a identificar lo falso.

Esto es lo que los cristianos deben hacer para desarrollar el discernimiento espiritual. Debemos saber tan bien lo auténtico que, cuando aparece lo falso, podemos reconocerlo. Al conocer y obedecer la Palabra de Dios, seremos *"entrenados por la práctica constante para distinguir el bien del mal"*. Conoceremos el carácter y la voluntad de Dios. Este es el corazón del discernimiento espiritual: ser capaz de distinguir la voz del mundo de la voz de Dios, tener la sensación de que *"esto es correcto"* o *"esto está mal"*. El discernimiento espiritual ahuyenta la tentación y nos permite *"odia lo que es malo; aferrarse a lo que es bueno"* **(Romanos 12: 9)**.

ORACIÓN - Orando la Biblia Versos sobre los cinco sentidos

Prueba y ve que el SEÑOR es bueno; bendito es el hombre que confía en él. **Salmos 34:8**

Lo que fue desde el principio, lo que hemos oído, lo que hemos visto con nuestros ojos, lo que hemos contemplado, y nuestras manos han manejado, de la Palabra de vida; (Lee mas...) **1 Juan 1:1-4**

El oído que oye y el ojo que ve, el SEÑOR los hizo a ambos. **Proverbios 20:12**

Vosotros sois la sal de la tierra; pero si la sal se desvaneciere, ¿con qué será salada? Desde entonces no sirve para nada, sino para ser expulsado y pisoteado por los hombres. **Mateo 5:13**

Pero nuestro Dios [está] en los cielos; él hizo todo lo que le agradaba. (Lee mas...) **Salmos 115:3-8**

Pero ahora Dios ha establecido a los miembros cada uno de ellos en el cuerpo, como a él le ha gustado. **1 Corintios 12:18 -**

El que plantó la oreja, ¿no oirá? el que formó el ojo, ¿no verá? **Salmos 94:9**

Y Jesús extendió su mano, y le tocó, diciendo: Quiero; sé limpio. Y al instante quedó limpio de su lepra. **Mateo 8:3**

Y saliendo Jesús, se fue del templo; y sus discípulos se acercaron a él para mostrarle los edificios del templo. (Lee mas...) **Mateo 24:1-51**

Porque todo aquel que invocare el nombre del Señor, será salvo. **Romanos 10:13**

HABLAR VIDA | Dr. Abraham Peters

El que tiene oídos para oir, oiga. **Mateo 11:15**

Bienaventurados son tus ojos, porque ven, y tus oídos, porque oyen. **Mateo 13:16**

¿Quién oyó tal cosa? ¿Quién ha visto tales cosas? ¿Se hará que la tierra produzca en un día? [o] una nación nacerá a la vez? porque apenas Sion estuvo de parto, dio a luz a sus hijos. **Isaías 66:8**

Y el SEÑOR olió a dulce olor; y el SEÑOR dijo en su corazón: No volveré a maldecir la tierra por causa del hombre; porque la imaginación del corazón del hombre es mala desde su juventud; tampoco volveré a herir cada cosa que viva, como lo he hecho. **Génesis 8:21**

Vosotros sois la luz del mundo. Una ciudad que se encuentra en una colina no se puede ocultar. (Lee mas...) **Mateo 5: 14-15 -**

NUN. Tu palabra es una lámpara a mis pies, y una lumbrera a mi camino. **Salmos 119:105**

Capítulo 2

LA VIDA DESPUÉS DE LA RELIGIÓN

¡Oh Dios, tú eres mi Dios! Con diligencia te he buscado; mi alma tiene sed de ti. Mi cuerpo te anhela en tierra árida y sedienta, carente de agua. Te he contemplado en el santuario, para admirar tu poder y tu gloria. **Salmos 63:1-2).**

Así como hay un sueño engañoso y un calor que viene sobre un hombre que está muriendo de frío por congelarse hasta la muerte, así también sucede en el mundo del espíritu. Hay un estupor y una actitud indiferente cuando las personas están muriendo espiritualmente.

La religión es el esfuerzo del hombre para conocer Dios. Es rituales y tradiciones, trabajos y palabras sin poder. La religión trae la muerte espiritual.

El poder de Dios es la demostración visible de Su deseo de revelarse al hombre. El poder espiritual es el Reino de Dios en acción. Trae la vida espiritual.

Muchos han experimentado la religión. Ellos se han unido a varios cultos y denominaciones. Estas organizaciones los han calmado en una actitud espiritual indiferente. Ellos no han experimentado el poder del Evangelio que puede cambiar sus vidas. Ellos están derrotados y descorazonados, enfermos y heridos. Ellos están muriendo espiritualmente. Su lamento del corazón es como aquel del Salmista David que escribió...

> *¡Oh Dios, tú eres mi Dios! Con diligencia te he buscado; mi alma tiene sed de ti. Mi cuerpo te anhela en tierra árida y sedienta, carente de agua. Te he contemplado en el santuario, para admirar tu poder y tu gloria.* **Salmos 63:1-2**

Estas personas necesitan experimentar la vida después de la religión.

TIPOS DE PODER

Hay muchos tipos de poder en el mundo hoy:

El poder político es celebrado por aquellos en el comando de organizaciones, tribus, pueblos, ciudades, estados, provincias y naciones enteras.

El poder intelectual resulta en nuevas invenciones, creaciones literarias y musicales, y el establecimiento de instituciones educativas.

El poder físico es poseído por los hombres fuertes, muchos de los cuales se vuelven atletas profesionales.

El **poder financiero** es celebrado por los banqueros y hombres de negocios que lideran las corporaciones y los grandes imperios financieros.

El **poder militar** es usado por los grandes ejércitos para defender y ganar nuevos territorios.

El **poder de la energía** sirve al hombre de muchas maneras que van desde un simple fuego al calor, sirviendo una ciudad entera de electricidad.

El **poder religioso** resulta en las grandes denominaciones y culturas religiosas

Todos éstos son grandes poderes trabajando en nuestro mundo hoy. Pero el llamado de Jesús no es al poder mundano. Es al poder espiritual. Un poder que no solo se enfoca en *"¿Cómo yo puedo ser servido?"*, sino que nos lleva a mas *"¿Cómo yo puedo servir?"*

DIFERENCIA EN LA ESTRUCTURA

Jesús explicó la diferencia entre la estructura de poder del mundo y del Reino de Dios. Él dijo:

> *Entonces Jesús los llamó y les dijo: –Sabéis que los gobernantes de los gentiles se enseñorean sobre ellos, y los que son grandes ejercen autoridad sobre ellos. Entre vosotros no será así. Más bien, cualquiera que anhele ser grande entre vosotros será vuestro servidor; y el que anhele*

ser el primero entre vosotros, será vuestro siervo. De la misma manera, el Hijo del Hombre no vino para ser servido, sino para servir y para dar su vida en rescate por muchos. **Mateo 20:25-28**

El llamado de Jesús es para dejar el poder mundano por el poder espiritual que es dado con el propósito de servir a un mundo que sufre y que está perdido y agonizante.

PODER ESPIRITUAL

Cuando nosotros hablamos de poder en este capítulo nosotros no estamos hablando sobre denominaciones religiosas u organizaciones religiosas hechas por el hombre. Nosotros no estamos hablando de la autoridad delegada a través de un voto por la mayoría. No es la autoridad dada por un título u oficina. No es poder basado en educación o habilidad.

Cuando nosotros hablamos de poder, nosotros estamos refiriéndonos al concepto bíblico de poder espiritual. El significado bíblico de la palabra "poder" es energía espiritual, habilidad, fuerza, y vigor. Es una fuerza sobrenatural que produce obras y milagros poderosos.

Una palabra similar, "autoridad", también se usa en este capítulo. Como en la Biblia, ella se relaciona estrechamente a y tiene el significado similar a la palabra "poder." La autoridad se refiere al poder legal y justo para actuar en nombre de otro. *Tomar la autoridad es la acción de demostrar el poder. Es poseer del derecho para ejercer el poder delegado dentro de los límites definidos.*

FUERZAS DE PODER ESPIRITUAL

Hay diversas fuerzas sobrenaturales operativas en el poder espiritual. La fuente bíblica de poder espiritual es el Dios vivo y verdadero, que es revelado en la Plabra Santa. Dios es una Trinidad, una persona compuesta de Dios el Padre, Dios el Hijo Jesucristo, y Dios el Espíritu Santo. Dios el Padre es la fuente del poder:

> *Sométase toda persona a las autoridades superiores, porque no hay autoridad que no provenga de Dios; y las que hay, por Dios han sido constituidas.* **Romanos 13:1**

Dios ha delegado el poder a Su Hijo, Jesucristo:

> *Jesús se acercó a ellos y les habló diciendo: Toda autoridad me ha sido dada en el cielo y en la tierra.* **Mateo 28:18**

Jesús ha delegado el poder espiritual a los creyentes. Este poder es experimentado a través del Espíritu Santo:

> *Pero recibiréis poder cuando el Espíritu Santo haya venido sobre vosotros, y me seréis testigos en Jerusalén, en toda Judea, en Samaria y hasta lo último de la tierra.* **Hechos 1:8**

Hay otra fuerza de poder espiritual, pero es una fuerza negativa. Es la fuente de poder espiritual maligna y responsable para la brujería, hechicería, y todas las otras prácticas malignas. Esa fuerza es Satanás. Satanás es un poder espiritual, pero su poder es maligno, no bueno:

> *Porque nuestra lucha no es contra sangre ni carne, sino contra principados, contra autoridades, contra los gobernantes de estas tinieblas, contra espíritus de maldad en los lugares celestiales.* **Efesios 6:12**

LA DEMOSTRACIÓN DE PODER

Cuando Jesús empezó Su ministerio público, era un ministerio de milagros. Su ministerio no tuvo éxito debido a su gran organización. Él empezó con doce discípulos y acabó con once. No tuvo éxito debido a la popularidad. En el fin, todos se volvieron contra Él, incluyendo Sus propios seguidores. Su ministerio tocó las multitudes debido a la demostración de poder:

> *Y se asombraban de su enseñanza, porque su palabra era con autoridad.* **Lucas 4:32**

> *Todos quedaron asombrados y hablaban entre sí diciendo: -¿Qué palabra es ésta, que con autoridad y poder manda a los espíritus inmundos, y salen?* **Lucas 4:36**

> *Me refiero a Jesús de Nazaret, y a cómo Dios le ungió con el Espíritu Santo y con poder. El anduvo haciendo el bien y sanando a todos los oprimidos por el diablo, porque Dios estaba con él.* **Hechos 10:38**

La iglesia primitiva nació en una demostración de poder. Ellos dijeron…

> *¡Estos que trastornan al mundo entero también han venido acá!* **Hechos 17:6**

La iglesia primitiva afectó ciudades y naciones enteras, pero ella no lo hizo exclusivamente por los predicadores. Las personas escucharon y sus vidas fueron cambiadas porque ellas testimoniaron de la demostración del poder de Dios:

> *Cuando la gente oía y veía las señales que hacía, escuchaba atentamente y de común acuerdo lo que Felipe decía. Porque de muchas personas salían espíritus inmundos, dando grandes gritos, y muchos paralíticos y cojos eran sanados; de modo que había gran regocijo en aquella ciudad.* **Hechos 8:6-8**

Cuando Pedro vino a Lida, él encontró un hombre nombrado Eneas que había estado postrado en cama durante ocho años…

Pedro le dijo: "Eneas, ¡Jesucristo te sana! Levántate y arregla tu cama." De inmediato se levantó, y le vieron todos los que habitaban en Lida y en Sarón, los cuales se convirtieron al Señor. **Hechos 9:34-35**

En Jope, Pedro levantó de los muertos una mujer nombrada Dorcas. Cuando este milagro tuvo lugar...

Esto fue conocido en todo Jope, y muchos creyeron en el Señor. **Hechos 9:42**

Cada demostración milagrosa del poder de Dios enfocó la atención en el Señor Jesucristo. Cada encuentro de poder producía multiplicación de la iglesia.

Influencia política no es lo que nosotros necesitamos para alcanzar el mundo con el Evangelio. La iglesia primitiva no tenía bastante influencia para sacar Pedro de la prisión, pero ellas tenían bastante poder para orar.

Más predicadores no es lo que alcanzará el mundo. La iglesia primitiva oró durante días, predicó unos minutos, y se salvaron 3,000 almas (**Hechos 1-2**). Hoy nosotros oramos diez minutos, predicamos diez días de reavivamiento, y vemos sólo treinta que son salvos.

Más dinero para el ministerio no asegura alcanzar el mundo con el mensaje del Evangelio. Mientras es verdad que el dinero es importante para la obra del ministerio, no es esencialmente lo más necesario; un mendigo cojo de nacimiento pidió unas monedas.

Cuando Pedro y Juan pasaron por la puerta del templo en Jerusalén, un mendigo cojo pidió unas monedas. Pedro y Juan no tenían siquiera esta cantidad pequeña de fondos. Pero ellos dieron lo que ellos tenían:

> *Pero Pedro le dijo: ~No tengo ni plata ni oro, pero lo que tengo te doy. En el nombre de Jesucristo de Nazaret, ¡levántate y anda! Le tomó de la mano derecha y le levantó. De inmediato fueron afirmados sus pies y tobillos, y de un salto se puso de pie y empezó a caminar. Y entró con ellos en el templo, caminando, saltando y alabando a Dios.* **Hechos 3:6-8**

Lo qué ellos tenían era poder y autoridad en el nombre de Jesús. Ellos no tenían ningún presupuesto de publicidad para llegar a la ciudad de Jerusalén. Ellos no tenían ningún folleto impreso o Biblias, ninguna red de televisión. Pero ellos tenían el poder. A través de la demostración del poder de Dios, la ciudad entera fue afectada por el mensaje del Evangelio (**Hechos 3-4**).

La Iglesia Primitiva comprendió que el Evangelio del Reino no sólo era de palabra, sino de poder:

> *"Porque el reino de Dios no consiste en palabras, sino en poder"* **1 Corintios 4:20**

EL PODER DE OPCIÓN

Cuando Dios creó el mundo, Él hizo muchos tipos diferentes de criaturas. Él hizo animales, peces, insectos, y pájaros (**Génesis 1**).

Pero la mayor creación de Dios fue el hombre, que fue creado en Su propia imagen. El hombre es único entre todas las criaturas porque él tiene un cuerpo, alma, y espíritu. Él fue creado para rendir culto a Dios y tener compañerismo con el verdadero y viviente Dios (**Génesis 2-3**).

El hombre, por la creación, es el compañero de un milagro operado por el Padre, el verdadero y viviente Dios. El hombre, dotado con el soplo de Dios y hecho en Su imagen, tiene una capacidad de poder diferente de cualquier otro ser creado. *La esfera de la operación de milagros debe ser la esfera natural del hombre.*

El hombre tiene la mente más poderosa y inteligente de todas las criaturas de Dios. El hombre tiene el poder de opción. El hombre puede escoger hacer lo bueno o lo malo. Él puede escoger obedecer a Dios o Satanás.

La primera tentación del hombre por Satanás en el Jardín de Edén se enfocó en este poder de opción (**Génesis 3**). Al pecar, una naturaleza básica de pecado ha pasado de Adán y Eva a toda la humanidad debido a una opción errada.

LA BASE DEL PODER ESPIRITUAL

Si el hombre desea experimentar el verdadero poder espiritual, él debe escoger servir a Dios. Desde que todos somos pecadores, todos estámos en necesidad de perdón:

Porque todos pecaron y no alcanzan la gloria de Dios. **Romanos 3:23**

El perdón pasa por el arrepentimiento y creencia en Jesucristo:

Si decimos que no tenemos pecado, nos engañamos a nosotros mismos, y la verdad no está en nosotros. Si confesamos nuestros pecados, él es fiel y justo para perdonar nuestros pecados y limpiarnos de toda maldad. **1 Juan 1:8-9**

El arrepentimiento del pecado es la base para el poder espiritual. Usted no puede experimentar el poder de Dios si usted permanece en la muerte espiritual del pecado.

Cuando los discípulos estaban predicando en una ciudad, un hombre nombrado Simón dio testimonio del poder de Dios en acción. Él ofreció el dinero a Pedro y dijo:

Diciendo: -Dadme también a mí este poder, para que cualquiera a quien yo imponga las manos reciba el Espíritu Santo. **Hechos 8:19**

Pedro contestó:

Entonces Pedro le dijo: Tu dinero perezca contigo, porque has pensado que el don de Dios se obtiene con dinero. No tienes tú parte ni suerte en este asunto, porque tu corazón no es recto delante de Dios. Arrepiéntete, pues, de esta tu maldad, y ruega a Dios, si quizá te sea perdonado el pensamiento de tu corazón; porque en hiel de amargura y en prisión de maldad veo que estás. **Hechos 8:20-23**

El arrepentimiento es la base de todo verdadero poder espiritual. Usted nunca experimentará el poder de Dios a menos que usted haya experimentado el arrepentimiento primero. La salvación del pecado es la más gran demostración del poder de Dios.

Dios no vierte Su poder a través de vasos pecadores. Él no trabaja a través de personas que intentan mejorar sus vidas a través del auto esfuerzo (**Mateo 9:16-17**). Dios demuestra Su poder a través de vasos santos que se han arrepentido y han estado sirviéndolo.

POSEYENDO LAS PROMESAS

A los creyentes es prometido el poder espiritual. Pero hay dos partes en cada promesa de Dios:

La promesa: El contenido, las palabras exactas y el significado de la promesa.

La posesión de esa promesa: Usted no puede usar lo que usted no posee. Usted debe reivindicar las promesas de Dios para que ellas se vuelvan una realidad en su vida.

¿Cómo usted reivindica las promesas de Dios? Aquí están los pasos:

USTED DEBE ESCOGER HACER ASÍ:

Usted tiene el poder para aceptar la promesa de Dios, o rechazar, o ignorar. Muchas personas han rechazado la promesa de poder espiritual. Ellas creen que era sólo para la Iglesia Primitiva. Otros lo han ignorado. Ellos leyeron las promesas en la Biblia, pero no actúa sobre ellas. Estas personas no tienen la demostración del poder de Dios en sus vidas porque ellas han ejercido su propio poder de opción y no han reivindicado la promesa.

Siempre que hay una promesa en la Palabra de Dios que no se cumple en su vida eso no significa que ella no sea verdad o que no sea para usted. No interprete la Biblia basándose en su propia experiencia. Simplemente porque usted no ha experimentado una promesa de Dios no significa que ella no es una verdadera y válida promesa. La promesa de poder es un don de Dios. Pero usted debe escoger aceptar ese don o no.

USTED DEBE ENTENDER LOS PRINCIPIOS:

Para poseer cualquier promesa bíblica, usted debe entender los principios en que ella esta basada. Las promesas de Dios siempre son basadas en ciertos principios que siempre involucran una contestación del hombre.

Por ejemplo, muchas promesas de Dios son basadas en el principio *"sí / entonces"*. *Dios dice "Si usted hace esta cierta cosa, entonces usted recibirá la promesa."* (Vea **Deuteronomio 28** para un ejemplo de este principio).

Para experimentar la promesa de poder espiritual, usted debe entender los principios bíblicos de poder. En el mundo natural, es similar a leer las instrucciones que vienen con un producto como guía para operarlo apropiadamente o como usar una receta que nos enseña los pasos para preparar cierta comida.

USTED DEBE APLICAR LOS PRINCIPIOS:

Alguien puede darle un presente encantador en el mundo natural. Usted puede escoger aceptarlo. Viene con las instrucciones. Usted puede leer las instrucciones y puede entenderlos completamente. Pero a menos que usted use las instrucciones para operar el don, el producto aún es inútil para usted.

Mera comprensión de los principios bíblicos de poder enseñados en este capítulo no será suficiente con saberlos.

Usted debe aplicar estos principios a su propia vida y ministerio.

MÁS ALLÁ DE LA BENDICIÓN AL PODER

Muchos creyentes no experimentan el poder porque ellos nunca consiguen ir más allá *del punto de la bendición espiritual*. El Espíritu Santo empieza a moverse en ellos y ellos sienten gran alegría. Ellos pueden expresarlo cantando, gritando, bailando, o llorando. Ellos son bendecidos por Dios y responden emocionalmente.

No hay nada errado con esto. La Biblia está llena con tales experiencias espirituales. Pero Dios quiere mover a Su pueblo **más allá del punto de bendición a la esfera de poder espiritual**, más allá de la emoción a la demostración.

Hay una historia en el Antiguo Testamento que ilustra esta verdad. *También ilustra el vínculo entre una promesa y la posesión de esa promesa.* La nación de Israel viajó durante muchos meses, desde el Egipto a través del desierto hasta la tierra que Dios les prometió. Cuando ellos alcanzaron el borde de esta tierra prometida, Moisés envió espías para explorar la tierra. Diez de los espías volvieron con un informe negativo. Ellos dijeron que había gigantes en la tierra y no había ninguna manera de que Israel podría entrar para poseer la tierra. Sólo dos espías instaron a las personas que entrasen en la tierra y la poseyesen como Dios había prometido.

Israel escogió escuchar al informe negativo. Debido a esto, aunque fue sólo una jornada de once días de dónde ellos se acamparon a la Tierra Prometida, Israel llevó cuarenta años para hacer la jornada (**Deuteronomio 1:2**).

Dios trajo Israel hasta el punto de la bendición. Ellos estaban en el borde de la Tierra Prometida. El poder de Dios estaba disponible para conquistar al enemigo. Pero Israel se negó a avanzar en el poder de Dios. No había nada errado con la promesa. El problema fue la negativa de Israel para poseerla.

Usted no debe detenerse cuando usted consigue llegar a un punto de bendición en su vida. Usted debe irrumpirlo para pasar a la esfera del poder espiritual. Si usted no hace eso, usted continuará vagando en un desierto espiritual de existencia seca, impotente.

Usted debe moverse *más allá del punto de bendición a la esfera de poder. Usted debe ser un demostrador en lugar de un espectador; un hacedor en lugar de sólo un oyente.* Cuando usted hace eso, usted experimenta el verdadero fluir del poder de Dios. Usted experimentará una fuerza de vida y unción qué usted nunca antes conoció. Usted experimentará la vida después de la religión.

PERSONAS ORDINARIAS

Usted puede pensar que usted no puede experimentar este poder porque le falta la debida educación. Quizá usted no posea credenciales ministeriales con ninguna denominación. Usted puede vivir en un pueblo lejano de una universidad cristiana y usted es incapaz de obtener una educación escolar bíblica.

Ningunas de estas cosas son necesarias para que usted reciba el poder espiritual. La Palabra de Dios está llena con ejemplos de hombres y mujeres ordinarios que fueron usados por Dios de maneras poderosas:

Abraham... mintió sobre Sara, que era su esposa, debido al miedo, todavía él fue usado por Dios para fundar la gran nación de Israel.

Moisés... no era un portavoz bueno y mató a un egipcio en la ira, todavía Dios lo usó para llevar una nación entera de dos millones de personas a la tierra prometida.

Pedro... se sumergió mientras caminando sobre el agua, siempre decía la cosa errada en el momento errado, y al final negó que él conocía a Jesús... todavía este pescador ordinario se levantó y dio un testimonio poderoso en el día de Pentecostés que produjo la salvación de 3,000 almas.

Gedeón... un hombre joven escondido, trillando el grano de la cosecha fue llamado para liberar una nación entera de los opresores.

Rey David... practicó adulterio, tomó la esposa de otro hombre y asesinó este mismo hombre, todavía él fue el mayor Rey de Israel y fue llamado de un hombre según el propio corazón de Dios.

Pedro y Juan... los dos eran pescadores pobres y no tenían ningún dinero o educación, pero el poder sanador de Dios fluyó a través de ellos para voltear ciudades enteras.

El Apóstol Pablo... él dijo que sus cartas eran poderosas, pero su presencia corporal débil y su discurso pobre (**2 Corintios 10:10**).

Jacob... Pero cuando Dios lo tocó, él se volvió un *"príncipe con poder de Dios y para con los hombres."*

¡Si se pudo confiar a hombres como éstos el poder espiritual de Dios, usted también puede, a pesar de sus fracasos humanos! Dios llama a hombres y mujeres ordinarios y los hace extraordinarios. Él no le ve como usted se ve a sí mismo. Él no lo ve como otros lo miran. *Dios le ve como usted puede volverse cuando Él, al dotarlo con poder espiritual.* Dios usa personas ordinarias, lo que la Biblia llama *"vasos de barro"*. La razón porque Él hace eso es...

...para que la excelencia del poder sea de Dios, y no de nosotros. 2 Corintios 4:7

Capítulo 3

HABLAR LA PALABRA SOLAMENTE

Respondió el centurión y dijo: Señor, no soy digno de que entres bajo mi techo; solamente di la palabra, y mi criado sanará. **Mateo 8:8**

Un centurión se acercó a Jesús diciendo: Mi siervo está seriamente atormentado por el diablo, ven y cúralo. Y Jesús dijo que vendría, pero el centurión dijo que no era digno, no vengas a mi casa. No necesitas venir a mi casa, di la palabra y mi siervo será sanado. Cuando pronuncies la palabra, aunque mi sirviente esté en casa, la palabra lo gobernará. Y Jesús dijo que nunca había visto una fe tan grande ni siquiera en Israel. ¡Habla solo la palabra! La palabra de Dios tiene todos los ingredientes para producir todo lo que se dice.

Trivializamos esta palabra hasta el punto de que estamos siendo reducidos a esclavos. La palabra tiene la capacidad de hacerte rey sobre tus situaciones y sobre tus desafíos. Pero, por desgracia, la misma palabra que hará que te levantes sobre las vicisitudes de la vida es despreciada. La pateas por todos lados. Lo arruinas y te preguntas por qué estás en la situación en la que te encuentras. Hay muchas oraciones que son innecesarias. Si solo obedeces a Dios, no orarías esas oraciones, porque ya se ha dado respuesta. ¿No será inútil que golpee una puerta que ya está abierta? La puerta está abierta, deja de tocar. ¡Entra!

Jesús estaba caminando hacia Jerusalén y envió a dos de sus discípulos a ir a la ciudad y desatar un pollino que estaba atado. Él les dijo que, si algún hombre le preguntara, dígale que el maestro tiene una necesidad. En otras palabras, si alguien te desafía, no te límites a explicarle solo, di la palabra y la Biblia registra que sucedió tal como dijo Jesús. Hijo de Dios, habla la palabra y la enfermedad abandonarán su cuerpo. *Cuando le dices a esa situación lo que Dios dijo, esa es la clave para gobernarlo.* Veo que saliste de ese desafío. Te veo celebrando la manifestación de ese deseo en tu corazón. No dejes de decir la palabra hasta que la veas pasar al pasado.

Entonces clamaron a Jehová en su tribulación; Él los salvó de sus angustias. Envió su palabra, los sanó y los libró de sus destrucciones. ¡Que den gracias al Señor por su misericordia, y por sus maravillas a los hijos de los hombres! **Salmos 107:19-21**

La hierba se seca, la flor se marchita, cuando el soplo del SEÑOR sopla sobre ella; Seguramente la gente es hierba. La hierba se seca, la flor se marchita, pero la palabra de nuestro Dios permanece para siempre. **Isaías 40:7-8**

Porque de cierto os digo que hasta que desaparezcan el cielo y la tierra, ni la letra más pequeña, ni el menor trazo de un lápiz, desaparecerá de la Ley hasta que todo se haya cumplido. **Mateo 5:18**

Pero la palabra del Señor permanece para siempre. "Y esta es la palabra que se os predicó. **1 Pedro 1:25**

Dios no es humano, para que él mienta, no un ser humano, para que cambie de opinión. ¿Habla y no actúa? ¿Promete y no cumple? **Números 23:19**

Ellos son establecidos para siempre jamás, promulgados en fidelidad y rectitud. **Salmo 111:8**

Tu palabra, Señor, es eterna; se mantiene firme en los cielos. **Salmos 119:89**

Yo anuncio el fin desde el principio, desde la antigüedad, lo que está por venir. Yo digo: 'Mi propósito se mantendrá y haré todo lo que me plazca'. **Isaías 46:10**

Así es mi palabra que sale de mi boca: No volverá vacía, sino que cumplirá lo que deseo y alcanzará el propósito por el cual lo envié. **Isaías 55:11**

"En cuanto a mí, este es mi pacto con ellos", dice el SEÑOR. "Mi Espíritu, que está sobre ti, no se apartará de ti, y mis palabras que he puesto en tu boca estarán siempre en tus labios, en los labios de tus hijos y en los

labios de sus descendientes - desde este momento para siempre ", dice el SEÑOR. **Isaías 59:21**

El poder de tus palabras

"Porque por tus palabras serás justificado, y por tus palabras serás condenado". **Mateo 12:37**

Puesto que tenemos el mismo espíritu de fe según lo que se ha escrito, "Creí, y así hablé", también creemos, y también hablamos. **2 Corintios 4:13**

Y Jesús les respondió: "Ten fe en Dios". Verdaderamente, te digo que cualquiera que diga a esta montaña: 'Retírate y arrójate al mar', y no duda en su corazón, sino que cree que lo que dice sucederá, se hará por él. Por lo tanto, te digo que, todo lo que pidas en oración, cree que lo has recibido, y será tuyo. **Marcos 11: 22-24**

La muerte y la vida están en poder de la lengua, y los que la aman comerán sus frutos. **Proverbios 18:21**

Y todo lo que pidas en oración, lo recibirás, si tienes fe. **Mateo 21:22**

Atrapado por las palabras de tu boca.

Hay poder en las palabras que hablas. Tus palabras tienen un gran efecto sobre tu vida. Ellas van a determinar la dirección que seguirán. Y muy a menudo estamos hablando palabras que no tienen vida; palabras que nos llevarán a la derrota *"Aprendería un nuevo instrumento, pero no tengo ese tipo de paciencia"*. *"Regresaría a la escuela, pero mi mente ya no está." "Me ejercitaría y pondría en forma, pero es demasiado trabajo."* Y en el proceso nos estamos causando un perjuicio. Cuando pronuncias palabras de derrota, inventando excusas por las que no puedes lograr más, te estás imponiendo limitaciones a ti mismo y al Dios todopoderoso.

Hazte un favor, deja de hablar palabras que te van a obstaculizar. Comienza a hablar palabras de fe que te harán llegar más alto. Es posible que no puedas verlo. No puedes verte superando esa adicción. No puedes verte entero otra vez. Está bien, comienza a hablar palabras de vida con anticipación. *"Estoy agradecido de ser un vencedor, más que un conquistador." "Dios me hace triunfar." " ¡Estoy agradecido de que por sus heridas estoy curado!"*

Ves, estás atrapado por las palabras de tu boca. Es como una trampa, donde irán tus palabras y seguirás. Puede que no estés donde quieres estar, pero si quieres subir más alto, comienza a hablar palabras de vida y victoria. *"Dios bendice cada obra de mis manos". "Mi don hará lugar para mí y me llevará ante grandes personas". "Fui elegido y equipado".*

Cuando pronuncies palabras de vida en la atmósfera, se producirá un cambio poderoso y sobrenatural. Milagros invisibles ocurrirán. Fortalezas se romperán. Los malos hábitos están rotos. Deja que tus palabras trabajen en tu favor y haz que vengas a la victoria, no a la derrota. ¡Yo declaro que cuando hablas palabras de vida, experimentarás la plenitud de las bendiciones y el favor de Dios!

Una de las mentiras del diablo es hacerte pensar que eres ordinario. El diablo incluso toma la mentira más allá al hacerte pensar que estás bajo su comando. Sin embargo, el truco del diablo es abrumarte y hacer alinear tus palabras con sus planes y luego, cuando sucede, le das crédito indebido al diablo. *Amado, el diablo es tan poderoso como tú le das poder.*

No pienses demasiado sobre cómo empoderas al demonio. La respuesta es simple: usted empodera al diablo por su ignorancia del trabajo terminado del Calvario. Cuando no conoces tus derechos y privilegios, en lugar de que des la orden que el diablo debe obedecer, vas a pedirle al diablo, y siendo el espíritu malvado que es, se deleita en tus lágrimas y se niega a dejarte ir. Esto te arroja a un círculo de frustración y en lugar de enfrentarte al enemigo, juzgas a Dios como un mentiroso y si te descuidas, el creyente puede retroceder. Amado, la ignorancia no es una excusa, entre en la palabra hoy, descubra sus derechos y privilegios y ejercítelos.

La segunda forma en que los creyentes empoderan al diablo es diciendo las palabras equivocadas. Si hablas negativamente, entonces te has alineado conscientemente o inconscientemente con el diablo y, como dice la Biblia, *si dos personas se ponen de acuerdo en la tierra...* (**Mateo 18:19**) has estado de acuerdo con el diablo y Dios no tiene más remedio que deja que te salgas con la tuya Cuando suceden las cosas, en lugar de decir las cosas incorrectas, averigüe qué dice la palabra de Dios sobre la situación y ensaye sabiendo que cuando sus palabras concuerdan con la palabra de Dios, Dios está obligado a honrarla y lo hará. Tus palabras tienen más poder de lo que piensas: la muerte y la vida están en poder de la lengua; aprende a usarlo correctamente para que puedas disfrutar los beneficios de los frutos de tus labios.

Las palabras de vida

> *Así será mi palabra que sale de mi boca; no me volverá vacía, sino que cumplirá lo que yo propongo, y tendrá éxito en lo que le envié.* **Isaías 55:11**

> *Cuando miramos no a las cosas que se ven sino a las cosas que no se ven. Porque las cosas que se ven son transitorias, pero las cosas que no se ven son eternas.* **2 Corintios 4:18**

> *¡¡Generación de víboras! ¿Cómo podéis hablar lo bueno, siendo malos? Porque de la abundancia del corazón habla la boca. El hombre bueno, del buen tesoro del corazón saca buenas cosas; y el hombre malo, del mal tesoro saca malas cosas. Mas yo os digo que de toda palabra ociosa que hablen los hombres, de ella darán cuenta en el día del juicio.* **Mateo 12: 34-36**

Como está escrito: "Te he hecho padre de muchas naciones" en presencia de Dios en quien él creía, que da vida a los muertos y llama a la existencia las cosas que no existen. **Romanos 4:17**

Así que la fe proviene de oír y escuchar a través de la palabra de Cristo. **Romanos 10:17**

Las circunstancias no fueron favorables al principio. No había forma (todo estaba disperso, sin claridad, tal vez como tu vida en este momento), era vacío, vacío y oscuro. Era difícil ver el camino a seguir, era simplemente un caos.

¡ENTONCES DIOS HABLÓ!

Sé lo difícil que es hablar de la vida cuando todo parece estar al revés, pero tenemos que hablar de la vida para darle la vuelta a nuestro favor. Mi aliento para ti hoy es no renunciar a hablar vida. Habla la vida, porque tu vida depende de ello. Todo lo que digas o digan otros sobre usted, solo se puede cancelar contrarrestando lo que se dice sobre su destino.

El caos puede estar rodeándote, pero cuando declarativamente hablas paz, ¡las cosas mejorarán! No importa cómo se vean las cosas, no importa cuáles sean las circunstancias, usted tiene la capacidad de cambiar las atmósferas a través de las palabras de su boca.

HABLAR VIDA | Dr. Abraham Peters

La vida puede estar en una espiral descendente, pero si declaras bendiciones y favores, Dios realizará avances sobrenaturales en tu nombre. Y es fácil hacer todo lo contrario. *"Nunca aprenderé esa nueva habilidad".* O *"ese trabajo parece estar fuera de mi alcance".* O *"Nunca llegaré al siguiente nivel de aumento, tal vez solo me conformo dónde estoy".*

Pero estoy aquí para alentarlos para que sucedan cosas grandiosas cuando comienzan a hablar palabras de vida. Las cosas pueden no parecer que están a tu favor. Puede tener todas las razones para tirar la toalla y conformarse con menos. Pero cuando parece que todas las probabilidades están en tu contra, puedes decir palabras que cambiarán las cosas.

Cuando parezca que has intentado y fracasado, declara con valentía: *"Puedo hacer todas las cosas a través de Cristo que me fortalece".* Cuando parezca que estas derrotado, tu postura debería ser *"Soy más que un conquistador". Sirvo a un Dios que me hace triunfar ".*

Cuando la enfermedad viene en su contra, *"prosperaré en buena salud, así como mi alma prospera".* Cuando parece que estás maldito con una maldición, *"tengo la bendición de ir y venir".* Estoy bendecido en la ciudad y en los campos ".

Cuando hablas palabras de vida, Dios ve tu fe y va a trabajar detrás de escena. Él envía ángeles en tu nombre para vigilarlo y mantenerte. Las bendiciones te perseguirán y te alcanzarán. *Te pregunto hoy*, ¿cuál es tu declaración? ¿Inadvertidamente estás hablando de la derrota? ¿O estás declarando audazmente las bendiciones y el favor de una manera sobrenatural? Déjame hacer una sugerencia, elige la última. Cuando lo haga, experimentará el favor divino, aumentará y se desbordará. Deja que tus palabras te lleven a alturas superiores y obtendrás más de la victoria que Dios tiene para ti.

¡No te hable de ello! Detén la charla negativa

> *El que refrena sus palabras tiene conocimiento, Y el que tiene espíritu frío es hombre de entendimiento. Incluso el necio, cuando calla, es considerado sabio; Cuando cierra los labios, se lo considera prudente.* **Proverbios 17:27**

Cuídate de tus pensamientos, se convierten en tus palabras.

Cuídate de tus palabras, se convierten en tus acciones.

Ten cuidado con tus acciones, se convertirán en tus hábitos.

Ten cuidado con tus hábitos, se convertirá en tu carácter.

Ten cuidado con tu carácter, se convertirá en tu destino.

HABLAR VIDA | Dr. Abraham Peters

Incluso los necios son considerados sabios si guardan silencio, y disciernen si callan. Nueva traducción viva: incluso los necios son considerados sabios cuando guardan silencio; con la boca cerrada, parecen inteligentes. **Proverbios 17:28**

Este libro de la ley no se apartará de tu boca, sino que meditarás en él de día y de noche, para que guardes y hagas conforme a todo lo que en él está escrito. Porque entonces harás prosperar tu camino, y entonces tendrás un buen éxito. **Josué 1: 8**

Porque yo soy el Señor; Voy a decir la palabra que voy a hablar, y se llevará a cabo. No se demorará más, pero en tus días, oh casa rebelde, hablaré la palabra y la cumpliré, declara el Señor Dios. **Ezequiel 12:25**

De cierto, de cierto te digo, el que dice a esta montaña: "Quítate y arrójate al mar", y no duda en su corazón, sino que cree que lo que dice sucederá, será hecho por él. **Marcos 11:23**

La mano del Señor estaba sobre mí, y él me sacó en el Espíritu del Señor y me puso en el medio del valle; estaba lleno de huesos Y él me condujo entre ellos, y he aquí, había muchos en la superficie del valle, y he aquí, estaban muy secos. Y él me dijo: "Hijo de hombre, ¿pueden vivir estos huesos?" Y yo respondí: "Oh Señor Dios, tú lo sabes". Luego me dijo: "Profetiza sobre estos huesos, y diles, oh huesos secos". escucha la palabra del Señor Así dice el Señor Dios a estos huesos: He aquí, haré entrar el aliento en ti, y vivirás... **Ezequiel 37:1-10**

Dios tiene algo más reservado para ti. Hay bendiciones, favor, el aumento divino aún está frente a ti. Es posible que hayas tenido algunas cosas malas en tu pasado. Es posible que haya experimentado algunas decepciones, pero no se desanime. Usa tus palabras para convencerte de la victoria. Desafortunadamente, muchas personas inventarán cualquier excusa sobre por qué no pueden hacer algo. Les darán una excusa de por qué no se pueden poner bien, una excusa por la cual no pueden superar un desafío difícil.

Es fácil ver las circunstancias que te rodean. Es fácil ver las probabilidades. Pero no invente una excusa de por qué no puede ganar en la vida según las probabilidades. No cuando, tienes que actuar de nuevo con audacia. Tienes que actuar con una nueva confianza que diga: *"Tal vez lo haya intentado y haya fallado antes, pero aún puedo hacer lo que siempre quise hacer"*. Puede parecer insuperable. Puede verlo como imposible, pero es entonces cuando debe poner sus palabras a trabajar para Usted. Mientras uses tus palabras para describir por qué no puedes subir más alto, por qué no puedes obtener un buen descanso, te convencerás de la bendición que Dios tiene para ti.

Los he escuchado decir: *"No soy tan talentoso"*. *"No tengo la inteligencia"*. *"No tengo nada que ofrecer"*. Pero si vas a esperar entrar en todo lo que Dios tiene que ofrecer, tendrás que cambiar tus palabras. Al igual que te has convencido de que no tienes los talentos, los dones, las habilidades, puedes convencerte de que tienes talento sin medida. No solo te convenzas de ello, háblate de ello. Siempre estará esa voz de derrota. Siempre habrá una voz que quiere recordarte por qué las cosas no funcionaron en el pasado. Pero puedes cancelar esa voz hoy. Cuando abras la boca y hables de tu futuro, ¡te convencerás de lo mejor que Dios tiene para ti!

Eliminar las palabras negativas

¡Una boca cerrada representa un destino cerrado!

> *Nueva traducción viva Porque fuí yo, Jehová tu Dios, que te salvé de la tierra de Egipto. Abre bien la boca y la llenaré de cosas buenas.* **Salmo 81:10**

> *Lo guardas en perfecta paz, cuya mente está puesta en ti, porque él confía en ti. Confía en el Señor para siempre, porque el Señor Dios es una roca eterna.* **Isaías 26:3-4**

> *Por esta leve aflicción momentánea nos está preparando un excelente y eterno peso de gloria más allá de toda comparación.* **2 Corintios 4:17**

> *He aquí, las cosas primeras han sucedido, y nuevas cosas ahora declaro; antes de que broten, te digo de ellos".* **Isaías 42:9**

HABLAR VIDA | Dr. Abraham Peters

Declarando el fin desde el principio y desde la antigüedad cosas aún no hechas, diciendo: 'Mi consejo permanecerá, y cumpliré todos mis propósitos' **Isaías 46:10**

Porque cada árbol es conocido por su propio fruto. Porque los hombres no recogen higos de las espinas, ni tampoco sacan uvas de un arbusto de brezo. El hombre bueno del buen tesoro de su corazón saca lo que es bueno; y el hombre malo del mal tesoro saca lo que es malo; porque su boca habla de lo que llena su corazón. **Lucas 6:44-45**

Sobre todo, guarda tu corazón, porque todo lo que haces fluye de él. **Proverbios 4:23**

Cuando hablas palabras de vida, es tan importante cómo las pronuncias, como dices las palabras. Cuando estás esperando la plenitud de lo que Dios tiene para ofrecer, no puedes continuar con una mentalidad *"tal vez"*. No puede decir *"si las promesas se cumplen"*, debe hablar con valentía con confianza. Cambia tu declaración. En lugar de decir *"si las promesas se cumplen,"* declarar con valentía, *"cuando las promesas se cumplan"*.

La palabra *"si"* indica probabilidad. Indica que existe la posibilidad de que ocurra y la posibilidad de que no ocurra. Da un valiente paso hoy y habla con seguridad. Habla con una nueva confianza Dios quiere saber que, sin lugar a dudas, crees que las promesas se cumplirán.

Es fácil hacer declaraciones como *"si obtengo una buena calificación en el examen escolar"* o *"si encuentro el amor de mi vida"* o *"si me ofrecen el puesto"*. Pero te lo digo hoy, si vas a entrar en lo mejor de Dios, es posible que tengas que hacer algunas modificaciones a tus declaraciones. Permita que esto lo aliente hoy, a cambiar el *"si"* por "**cuándo**". *"Cuando obtenga la calificación en el examen..."* *"Cuando encuentre el amor de mi vida..."* *"Cuando me ofrezcan para el trabajo..."* *"Cuando llega la curación...* Cuando encuentro la restauración... *"Ves,* Dios responde a una declaración audaz. Atrévete a hablarlo con autoridad. Ten el valor de hablar con una confianza que dice: no importa cómo se ven las cosas, sé que lo que Dios tiene y está pasando. Pon tu fe en la línea.

Dios es más grande que tu situación actual. Él es más grande que tu problema. Él es más grande que las estadísticas. Las estadísticas pueden decir que sus posibilidades son mínimas o nulas, pero Dios desafía todas las probabilidades. Nunca se pretendió que fuera *"si"* las promesas se cumplieran, no las escrituras dicen, *"cuando sucedió"*. Así que puestas la esperanzas. Comience a hablar con una nueva confianza. El poder está en tu lengua. Habla con audacia, seguridad. ¡Sepan que, a su debido tiempo, alineen sus palabras con Sus promesas infalibles y Dios derramará Sus bendiciones y favores para ustedes de una manera completamente nueva!

¡Haz declaraciones en negrita!

Ahora diles esto:

Por cierto que vivo, declara el SEÑOR, haré contigo las mismas cosas que te oí decir. **Números 14:28**

Ponme en memoria: imploremos juntos: declara que puedes ser justificado. **Isaías 43:26**

Mi hijo, si has sido fiel para tu prójimo, has dado una prenda por un extraño, Te has enlazado con las palabras de tu boca, has sido atrapado con las palabras de tu boca, Haz esto ahora, mi hijo, y libérate; Ya que has venido a la mano de tu prójimo, ve, humíllate e importuna a tu prójimo... **Proverbios 6:1**

Cuando pronuncia declaraciones positivas de su boca, comienza a cambiar el curso de su vida. En lo sobrenatural, las cosas comienzan a cambiar a tu favor.

Una cosa es hablar: *"Dios me va a favorecer con el auto nuevo"*. Una cosa es declarar el aumento en el trabajo o favorecerse con ciertas personas. Pero otra cosa es declarar el auto nuevo más allá de tu pensamiento más salvajemente imaginable. Otra cosa es declarar el aumento que va más allá de tus expectativas.

Ya ves, Dios es el dueño de todo. No tiene sentido limitarlo. Él no quiere que dudes de Él, no, Él está por encima y más allá esta Dios. Él quiere que confíes en Él para que haga lo máximo y abundantemente por encima de todo lo que puedas pedir o pensar. Atrévete a declarar que no solo estás curado, sino que estás mejor que antes. Deje que su declaración valla en aumento, sino que Dios mismo ampliará su territorio.

Es posible que haya soñado algunos sueños que parecían irreales. Pero suceden cosas grandiosas cuando abre la boca y habla con palabras de fe. No solo entrarán en juego las relaciones correctas, sino que entrarás en relaciones que te enseñarán, te alentarán y te empujarán a un propósito.

Dios no es solo un Dios. Él no quiere que solo existas, Él quiere que prosperes. Dios quiere favorecerlo con su favor inmerecido, no ganado y sin precedentes. Es posible que haya tenido algunas decepciones, pero cuando declare audazmente su favor, llegará a las citas divinas. Vendrás a la victoria, sanidad y restauración. Haga declaraciones en negrita hoy. Cuando lo haga, Dios vendrá a trabajar detrás de escena y hará que sucedan cosas grandes en su nombre.

Presionando a través de la fe

Y había sufrido mucho de muchos médicos, y gastado todo lo que tenía, y nada había aprovechado, antes le iba peor, cuando oyó hablar de Jesús, vino por detrás entre la multitud, y tocó su manto. Porque decía: Si tocare tan solamente su manto, seré salva. Y en seguida la fuente de su sangre se secó; y sintió en el cuerpo que estaba sana de aquel azote. Luego Jesús, conociendo en sí mismo el poder que había salido de él, volviéndose a la multitud, dijo: ¿Quién ha tocado mis vestidos? **Marcos 5:26 - 30**

Había una mujer que tenía un problema de sangre. La escritura dice que sufrió durante muchos años bajo la supervisión de médicos. Ella gastó todo su dinero, y aún no se mejoró. De hecho, ella empeoró. Un día, oyó que Jesús pasaba entre la multitud y ella se acercó por detrás. Ella tocó su prenda. Ella sabía que, al hacerlo, se recuperaría. La escritura continúa diciendo que cuando tocó su túnica, sintió que su cuerpo sanó inmediatamente de su aflicción.

Esta mujer entendió un principio. Habló de su situación positivamente, comprendió que Jesús responde cuando avanzamos con fe. Aquí está la cosa, ella era solo una persona en la multitud que estaba presionando a Jesús. Imagino que su queja fue: "*Estoy en medio de toda esta gente*". "*Nunca tendré la oportunidad*". "¿Cuáles son las posibilidades de que yo sea uno de los que avance y se haga realidad? todo." Pero ella desafió todas las probabilidades y presionó con fe.

Después de doce largos años sufriendo esta aflicción, me imagino que ella estaba sin esperanza. Ella gastó su último centavo. Probablemente estaba lista para tirar la toalla. Pero ella presionó. Al igual que esta mujer, nuestro Padre misericordioso responde cuando lo presionamos en tiempos de problemas. Tal vez haya un área en tu vida que necesita estar completa. Tal vez hayas luchado, luchado y sufrido, pero aun así fue en vano. Al igual que esta mujer, tal vez te quedas sin opciones. Has hecho todo lo posible, nadie tiene las respuestas. Ninguna píldora mágica será suficiente. Ningún consejero puede brindarle la ayuda que necesita. Permíteme alentarte hoy, hay una mejor manera. Todavía puede presionar a través de la fe.

Note que las escrituras no dicen que Jesús vino a ella. Note que no dijo, ella esperaba que Cristo la notara y viniera. No, ella era audaz y valiente. Ella tenía una gran fe. Ella presionó a través de la multitud y quedó sana. Cuando parece que la vida no tiene las respuestas, sigue adelante. Cuando te quedas sin opciones, presiona. Cuando parece que no hay esperanza, sigue adelante. Jesús responde cuando somos audaces y valientes. Él tiene un corazón para aquellos que están decididos y fieles a presionar a través de las multitudes de la vida. Haga una elección para presionar a Jesús a través de los tiempos difíciles. Cuando lo haces, nuestro Padre responderá a tu fe. ¡En efecto, experimentarás la totalidad en cada área de tu vida!

Capítulo 4

"NUNCA UN HOMBRE HABLÓ COMO ÉL"

"Jesús se acercó a ellos y les habló diciendo: "Toda autoridad me ha sido dada en el cielo y en la tierra" **(Mateo 28:18)**

Dios es una trinidad hecha del Padre, Hijo, y Espíritu Santo. La fuente del poder es Dios el Padre. Dios delegó el poder a Su Hijo, Jesucristo. El Espíritu Santo dotó a los creyentes después con poder delegado por el Hijo.

En este capítulo usted aprenderá sobre el poder y autoridad de Jesús. Era tan grande que los líderes religiosos de Su tiempo comentaron.

¡Nunca habló hombre alguno así! **Juan 7:46**

NACIDO EN EL PODER

Jesús nació en el poder del Espíritu Santo:

Respondió el ángel y le dijo: –El Espíritu Santo vendrá sobre ti, y el poder del Altísimo te cubrirá con su sombra, por lo cual también el santo Ser que nacerá será llamado Hijo de Dios. **Lucas 1:35**

Jesús era la manifestación visible del poder de Dios:

"Pero para los llamados, tanto judíos como griegos, Cristo es el poder de Dios y la sabiduría de Dios" **1 Corintios 1:24**

BAUTIZADO EN EL PODER

Juan reconoció el poder de Jesús. Él dijo:

Y predicaba diciendo: Viene tras mí el que es más poderoso que yo, a quien no soy digno de desatar, agachado, la correa de su calzado. Yo os he bautizado en agua, pero él os bautizará en el Espíritu Santo. **Marcos 1:7-8**

Cuando Jesús fue bautizado por Juan en el Río Jordan, el Espíritu Santo descendió sobre Él en la forma de una paloma:

> Juan dio testimonio diciendo: -He visto al Espíritu que descendía del cielo como paloma, y posó sobre él. **Juan 1:32**

Dios había dicho a Juan...

> ...Aquel sobre quien veas descender el Espíritu y posar sobre él, éste es el que bautiza en el Espíritu Santo. **Juan 1:33**

Esto fue confirmado cuando el Espíritu Santo descansó sobre Jesús en la forma de una paloma. Jesús no sólo estaba lleno con el poder del Espíritu Santo, Él era bautizado con el poder.

UN PODER PROBADO

Inmediatamente después de Su bautismo, Jesús entró en el desierto a ser tentado por Satanás:

> Entonces Jesús, lleno del Espíritu Santo, volvió del Jordán y fue llevado por el Espíritu al desierto. **Lucas 4:1**

Usted puede leer sobre esta experiencia en **Lucas 4:1-13**.

El poder es probado y confirmado por la prueba. En cada tentación Satanás desafió el poder y la autoridad de Jesús. Jesús venció cada una con éxito y...

> *Entonces Jesús volvió en el poder del Espíritu a Galilea, y su fama se difundió por toda la tierra de alrededor.* **Lucas 4:14**

SU FUENTE DE PODER

Dios el Padre era la fuente del poder y autoridad de Jesús. Jesús dijo:

> *"El Espíritu del Señor está sobre mí, porque me ha ungido para anunciar buenas nuevas a los pobres; me ha enviado para proclamar libertad a los cautivos y vista a los ciegos, para poner en libertad a los oprimidos y para proclamar el año agradable del Señor"* (**Lucas 4:18-19**).

Jesús no ejerció el poder independientemente de Dios el Padre. Continuamente, a lo largo de Su ministerio terrenal, Jesús confió en Dios como la fuente de Su poder:

> *Jesús les respondió: –Muchas buenas obras os he mostrado de parte del Padre.* **Juan 10:32**

PODER ILIMITADO

No había ningún límite al poder de Cristo. Él recibió todo el poder en el Cielo y en la tierra:

> *Jesús se acercó a ellos y les habló diciendo: Toda autoridad me ha sido dada en el cielo y en la tierra.* **Mateo 28:18**

Jesús tiene el poder...

> *Por encima de todo principado, autoridad, poder, señorío y todo nombre que sea nombrado, no sólo en esta edad sino también en la venidera. Aun todas las cosas las sometió Dios bajo sus pies y le puso a él por cabeza sobre todas las cosas para la iglesia"* **Efesios 1:21-22**

Jesús es la cabeza de todos los otros poderes:

Y vosotros estáis completos en él, quien es la cabeza de todo principado y autoridad. **Colosenses 2:10**

Jesús tenía poder ilimitado. Él recibió:

PODER PARA ENSEÑAR CON AUTORIDAD:

Los escribas basaron su autoridad en las escrituras del Antiguo Testamento. Jesús basó Su autoridad en el propio Dios:

> *Y se asombraban de su enseñanza, porque les enseñaba como quien tiene autoridad y no como los escribas.* **Marcos 1:22**

> *Y se asombraban de su enseñanza, porque su palabra era con autoridad.* **Lucas 4:32**

PODER SOBRE EL PECADO:

Jesús tenía poder para perdonar el pecado:

Pero para que sepáis que el Hijo del Hombre tiene autoridad para perdonar pecados en la tierra, -entonces dijo al paralítico-: ¡Levántate; toma tu camilla y vete a tu casa! **Mateo 9:6**

PODER SOBRE LA ENFERMEDAD:

Al atardecer, trajeron a él muchos endemoniados. Con su palabra echó fuera a los espíritus y sanó a todos los enfermos. **Mateo 8:16**

PODER SOBRE LA NATURALEZA:

Y despertándose, reprendió al viento y dijo al mar: -¡Calla! ¡Enmudece! Y el viento cesó y se hizo grande bonanza. **Marcos 4:39**

PODER SOBRE TODO HOMBRE:

"Como le diste autoridad sobre todo hombre, para que dé vida eterna a todos los que le has dado" **Juan 17:2**.

PODER SOBRE SUS ENEMIGOS:

Entonces le dijo Pilato: -¿A mí no me hablas? ¿No sabes que tengo autoridad para soltarte y tengo autoridad para crucificarte? Respondió Jesús: -No tendrías ninguna autoridad contra mí, si no te fuera dada de arriba. Por esto, el que me entregó a ti tiene mayor pecado. **Juan 19:10-11**

PODER SOBRE LA MUERTE:

Jesús dijo:

> *Jesús le dijo: —Yo soy la resurrección y la vida. El que cree en mí, aunque muera, vivirá.* **Juan 11:25**

A través de Su propia muerte y resurrección, Jesús...

> *También despojó a los principados y autoridades, y los exhibió como espectáculo público, habiendo triunfado sobre ellos en la cruz.* **Colosenses 2:15**

PODER SOBRE SU PROPIA VIDA:

Jesús explicó con respecto a Su vida:

> *Nadie me la quita, sino que yo la pongo de mí mismo. Tengo poder para ponerla, y tengo poder para volverla a tomar. Este mandamiento recibí de mi Padre.* **Juan 10:18**

PODER PARA EJECUTAR EL JUICIO:

Dios ha dado poder a Jesús para ejecutar el juicio:

> *Y también le dio autoridad para hacer juicio, porque él es el Hijo del Hombre.* **Juan 5:27**

PODER SOBRE LOS DEMONIOS:

Jesús tenía poder y autoridad sobre las fuerzas demoníacas:

Todos quedaron asombrados y hablaban entre sí diciendo: -¿Qué palabra es ésta, que con autoridad y poder manda a los espíritus inmundos, y salen? **Lucas 4:36**

Todos se maravillaron, de modo que discutían entre sí diciendo: -¿Qué es esto? ¡Una nueva doctrina con autoridad! Aun a los espíritus inmundos él manda, y le obedecen. **Marcos 1:27**

Me refiero a Jesús de Nazaret, y a cómo Dios le ungió con el Espíritu Santo y con poder. El anduvo haciendo el bien y sanando a todos los oprimidos por el diablo, porque Dios estaba con él. **Hechos 10:38**

PODER SOBRE TODAS LAS OBRAS DEL ENEMIGO:

El propósito por lo cual Jesús entró en el mundo fue para destruir todas las obras del Diablo:

El que practica el pecado es del diablo, porque el diablo peca desde el principio. Para esto fue manifestado el Hijo de Dios: para deshacer las obras del diablo. **1 Juan 3:8**

EL PODER PRESENTE

Después de Su muerte y resurrección, Jesús volvió al Cielo. Allí Él continúa ministrando en poder y autoridad a la mano derecha de Dios:

> *Pero de ahora en adelante, el Hijo del Hombre estará sentado a la diestra del poder de Dios.* **Lucas 22:69**

> *Y dijo: -¡He aquí, veo los cielos abiertos y al Hijo del Hombre de pie a la diestra de Dios!* **Hechos 7:56**

Jesús también continúa ministrando a través del poder delegado a los creyentes. Antes de que Jesús volviera al Cielo, Él delegó poder y autoridad a Sus seguidores. Ellos deberían hacer las obras que Él había hecho, y obras aún mayores (**Juan 14:12**). Usted estudiará sobre esto poder delegado en el próximo capítulo.

EL PODER FUTURO

Algún día, Jesús volverá a la tierra en gran poder y gloria:

> *Entonces se manifestará la señal del Hijo del Hombre en el cielo, y en ese tiempo harán duelo todas las tribus de la tierra, y verán al Hijo del Hombre viniendo sobre las nubes del cielo con poder y gran Gloria.* **Mateo 24:30**

En ese momento todos los poderes del Cielo y de la tierra serán entregues a Jesús:

Después el fin, cuando él entregue el reino al Dios y Padre, cuando ya haya anulado todo principado, autoridad y poder. **1 Corintios 15:24**

Todo el universo reconocerá el poder de Dios el Padre y de Su Hijo, Jesucristo:

Y decían a gran voz: Digno es el Cordero, que fue inmolado, de recibir el poder, las riquezas, la sabiduría, la fortaleza, la honra, la gloria y la alabanza. Y oí a toda criatura que está en el cielo y sobre la tierra y debajo de la tierra y en el mar, y a todas las cosas que hay en ellos, diciendo: "Al que está sentado en el trono y al Cordero sean la bendición y la honra y la gloria y el poder por los siglos de los siglos. **Apocalipsis 5:12-13**

Capítulo 5

EL PODER DE LA PALABRA

Porque la Palabra de Dios es viva y eficaz, y más penetrante que toda espada de dos filos. Penetra hasta partir el alma y el espíritu, las coyunturas y los tuétanos, y discierne los pensamientos y las intenciones del corazón. **Hebreos 4:12**

La Biblia Santa es la Palabra escrita del verdadero y viviente Dios. Hay poder especial en estas palabras de Dios:

Porque la Palabra de Dios es viva y eficaz, y más penetrante que toda espada de dos filos. Penetra hasta partir el alma y el espíritu, las coyunturas y los tuétanos, y discierne los pensamientos y las intenciones del corazón. **Hebreos 4:12**

Así será mi palabra que sale de mi boca: No volverá a mí vacía, sino que hará lo que yo quiero, y será prosperada en aquello para lo cual la envié. **Isaías 55:11**

Usted nunca recibirá la llenura del poder de Dios hasta que usted experimente el poder de Su Palabra.

LA FUENTE DE LA PALABRA

Dios es la fuente del poder y de Su Palabra escrita. Esto hace la Palabra de Dios poderosa:

> *El Señor da la palabra, y una gran hueste de mujeres anuncia la buena nueva.* **Salmos 68:11**

> *Por esta razón, nosotros también damos gracias a Dios sin cesar; porque cuando recibisteis la palabra de Dios que oísteis de parte nuestra, la aceptasteis, no como palabra de hombres, sino como lo que es de veras, la palabra de Dios quien obra en vosotros los que creéis.* **1 Tesalonicenses 2:13**

Dios creó el mundo realmente por Su Palabra:

> *Por la fe comprendemos que el universo fue constituido por la palabra de Dios, de modo que lo que se ve fue hecho de lo que no se veía.* **Hebreos 11:3**

Dios creó los cielos por Su Palabra:

> *Por la palabra de Jehovah fueron hechos los cielos; todo el ejército de ellos fue hecho por el soplo de su boca.* **Salmos 33:6**

Dios continúa sustentando el mundo y todas las cosas como ellas son por el poder de Su Palabra:

> *El es el resplandor de su gloria y la expresión exacta de su naturaleza, quien sustenta todas las cosas con la palabra de su poder. Y cuando había hecho la purificación de nuestros pecados, se sentó a la diestra de la Majestad en las alturas.* **Hebreos 1:3**

"RHEMA" Y "LOGOS"

Hay dos palabras griegas diferentes usadas en la Biblia para la Palabra de Dios. Una de estas palabras griegas es *"logos"* y se refiere a la pronunciación total de Dios. Es la revelación completa de lo que Dios ha dicho.

La segunda palabra, *"rhema,"* se refiere a una palabra específica de Dios que se aplica específicamente a una situación especial. La total *"logos"* revelación de la Palabra de Dios es poderosa, pero cuando Dios vivifica una palabra *"rhema"* de Su Palabra escrita, esto es especialmente poderoso. Cuando Dios vivifica una palabra *"rhema"*, un versículo que usted antes ha leído muchas veces de repente asume un nuevo significado. Usted puede ver cómo ella se aplica a una situación específica que usted está enfrentando. La Palabra *"rhema"* le da la respuesta, revelación, o consuelos necesarios en el momento exacto.

HABLAR VIDA | Dr. Abraham Peters

LA TENTACIÓN DE JESÚS

Poder fue delegado a Jesucristo, pero ese poder debe ser probado porque la fuerza aumenta bajo la presión. Una lucha mayor entre el poder de Jesús y el poder de Satanás luego sucedió en el ministerio terrenal de Cristo. Antes de proceder con esta lección, lea sobre este encuentro en **Mateo 4:1-11; Marcos 1:12 - 13; y Lucas 4:1-13.**

Primero, Satanás intentó conseguir que Jesús convirtiera piedras en pan. El poder de Jesús que pronto convirtió el agua en vino ciertamente podría convertir las piedras en pan. Pero hacer esto en aquella situación sería actuar independientemente de Dios y usar Su poder para el beneficio personal.

Luego, Satanás intentó conseguir que Jesús se lanzara a sí mismo de la cima del templo para demostrar Su poder. Satanás hizo mal usó de las Escrituras incluso para persuadirlo a que volviera hacer esto.

En el tercer encuentro, Satanás tentó a Jesús con la apelación del poder mundano. Satanás dijo que él le daría a Jesús todos los reinos del mundo si Él rendía culto a Satanás.

En cada uno de estos encuentros de poder, Jesús venció el desafío con la Palabra de Dios. Jesús citó las Escrituras aplicables a la situación inmediata. Él usó la Palabra "rhema" de Dios.

HABLAR VIDA | Dr. Abraham Peters

USANDO LA PALABRA DE PODER

No es suficiente con sólo saber que hay poder en la Palabra de Dios. Para hacerla eficaz, esa Palabra debe aplicarse como Jesús hizo. Jesús aclaró que las palabras que Él habló no eran de Sí mismo. Ellas eran las Palabras de Dios (**Juan 3:34; 14:10,24; 17:8,14**).

Jesús habló la Palabra de Dios con poder:

> *Y se asombraban de su enseñanza, porque su palabra era con autoridad.* **Lucas 4:32**

> *Todos quedaron asombrados y hablaban entre sí diciendo: -¿Qué palabra es ésta, que con autoridad y poder manda a los espíritus inmundos, y salen?* **Lucas 4:36**

Jesús habló la Palabra a un hombre con una mano marchita y él fue sanado (**Marcos 3:1-5**). Él habló la Palabra a un leproso y él fue limpiado (**Mateo 8:2-3**). Él dijo...

> *"Levántate!" al hombre imposibilitado en el estanque.* Juan 5:8

> *"Vea" a los ciegos.* Lucas 7:21

> *"Sal fuera" a los demonios.* Mateo 9:32-33

> *"Oiga" a los sordos.* Marcos 7:32-35

> *"Ven fuera" al muerto.* Juan 11:44

Jesús sabía que había poder en la Palabra de Dios, Él también sabía que los hombres deben oír y deben responder a esa Palabra para que ella sea eficaz. Las palabras de Jesús, que eran las Palabras de Dios, eran tan poderosas que ellas operaban a la distancia. Jesús ni siquiera tenía que estar presente a la escena del problema. Un hombre que tenía un siervo enfermo dijo...

> *Respondió el centurión y dijo: ~Señor, yo no soy digno de que entres bajo mi techo. Solamente di la palabra, y mi criado será sanado.*
>
> *Entonces Jesús dijo al centurión: ~Vé, y como creíste te sea hecho. Y su criado fue sanado en aquella hora.* **Mateo 8:8,13**

Este hombre creyó en el poder de la Palabra de Dios. Él sabía que ella era tan poderosa que no era afectada por el tiempo, espacio, o cualquier otra limitación del hombre. Pero para hacerla eficaz en su propia vida y situación, él tenía que reivindicarla. Él debía aplicar la Palabra de Dios para recibir el beneficio de su poder.

La iglesia primitiva usó las palabras de poder de Dios. Pablo dijo:

> *Ni mi mensaje ni mi predicación fueron con palabras persuasivas de sabiduría, sino con demostración del Espíritu y de poder, para que vuestra fe no esté fundada*

en la sabiduría de los hombres, sino en el poder de Dios. **1 Corintios 2:4,5**

Pero iré pronto a vosotros, si el Señor quiere, y llegaré a conocer, ya no las palabras de aquellos inflados, sino su poder. **1 Corintios 4:19**

Dios es el poder detrás de Su Palabra:

"Así será mi palabra que sale de mi boca: No volverá a mí vacía, sino que hará lo que yo quiero, y será prosperada en aquello para lo cual la envié" **Isaías 55:11**

...Has visto bien, porque yo vigilo sobre mi palabra para ponerla por obra. **Jeremías 1:12**

La Palabra de Dios da gran poder espiritual:

Porque la Palabra de Dios es viva y eficaz, y más penetrante que toda espada de dos filos. Penetra hasta partir el alma y el espíritu, las coyunturas y los tuétanos, y discierne los pensamientos y las intenciones del corazón. **Hebreos 4:12**

Dios honra Su Palabra y Su nombre sobre todas las cosas:

Me postro hacia tu santo templo y doy gracias a tu nombre por tu misericordia y tu verdad, porque has engrandecido tu nombre y tu palabra sobre todas las cosas. **Salmos 138:2**

¿Cuáles son los propósitos poderosos que se logran por la Palabra de Dios? Estudie los versos siguientes en La Palabra de Dios:

Es aprovechable para enseñanza, reprensión, corrección, e instrucción: **2 Timoteo 3:16-17**

Trae la creencia en el mensaje del Evangelio: **Hechos 4:4**

Limpia: **Juan 15:3; Efesios 5:26**

Trae la vida eterna, si nosotros oímos y creemos: **Juan 5:24**

Es la base para el juicio eterno: **Juan 12:48**

Se usa para expulsar los espíritus malignos: **Mateo 8:16; Lucas 4:36**

Es acompañada por las señales milagrosas y convence a las personas de la verdad del Evangelio: **Marcos 16:20**

Da convicción de salvación: **1 Juan 1:2-6**

Trae la experiencia del nuevo nacimiento: **1 Pedro 1:23; Salmos 119:41**

Produce el registro de la verdad del Evangelio: **1 Juan 5:7**

Santifica al creyente: **1 Timoteo 4:5**

Da esperanza: **Salmos 130:5; 119:49,81**

Trae la sanidad: **Salmos 107:20**

Nos guarda del camino del destructor: **Salmos 17:4**

Es espíritu y vida: **Juan 6:63**

Trae alegría y regocijo: **Jeremías 15:16**

Aumenta la fe: **Romanos 10:17**

Consuela: **1 Tesalonicenses 4:18, Salmos 119:50, 52**

Trae nutrición espiritual: **1 Timoteo 4:6**

Trae respuesta a la oración: **Juan 15:7**

Es la llave al éxito: **Josué 1:8**

Bendice, si nosotros la oímos y guardamos: **Lucas 11:28**

Trae bendiciones cuando se guarda y maldiciones cuando no se guarda: **Deuteronomio 28**

Es un arma en el tiempo de la tentación: **Mateo 4**

Convierte el alma: **Salmos 19:7**

Torna sabio el simple: **Salmos 19:7**

Ilumina: **Salmos 19:8**

Advierte: **Salmos 19:11**

Trae gran galardón cuando guardada: **Salmos 19:11**

Permite acceso al Cielo: **Apocalipsis 22:14**

Trae la bendición de caminar en la rectitud: **Salmos 119:1-3**

Nos hace más sabio que nuestros enemigos, maestros, y ancianos: **Salmos 119:98-104**

Vivifica: **Salmos 119:25**

Fortalece: **Salmos 119:28**

Es la base de Su misericordia: **Salmos 119:58**

Trae el deleite: **Salmos 119:92**

Da comprensión al simple: **Salmos 119:130, 104, 169**

Liberta: **Salmos: 119:170**

LA RESPONSABILIDAD HACIA LA PALABRA

Porque la Palabra de Dios es tan poderosa, los creyentes tienen una responsabilidad para darla a conocer al mundo. La Iglesia Primitiva asumió esta responsabilidad por la Palabra de Dios. Ellos fueron predicándola por todas partes (**Hecho 8:4; 12:24; 13:49**). Ellos pidieron intrepidez a Dios para hablar Su Palabra (**Hechos 4:29, 31**). La Palabra de Dios aumentó en lo largo del mundo debido a fidelidad de ellos (**Hechos 6:7; 19:20**).

Dios confirma Su Palabra con las señales que siguen. Uno no puede esperar que las señales precedan a la Palabra. Usted tiene una responsabilidad para extender esta Palabra poderosa al mundo. Aprenda sobre su responsabilidad estudiando las Escrituras siguientes:

Dios pone Su Palabra en usted para que usted pueda hablarla a otros: **Deuteronomio 18:18-19; Isaías 51:16; Jeremías 1:9; 3:12; 5:14; 26:12; Ezequiel 2:7-8.**

Si usted aprende la Palabra de Dios, entonces usted tiene una responsabilidad para enseñar otros: **Gálatas 6:6.**

Usted debe predicar la Palabra a lo largo del mundo: **Lucas 24:47; Marcos 16:15; 2 Timoteo 4:2.**

Usted no debe hablar sus propias palabras: **Isaías 58:13.**

Usted no debe estar avergonzado de la Palabra: **Marcos 8:38.**

Usted debe enseñarla a sus niños: **Deuteronomio 6:6-9.**

SUS PROPIAS PALABRAS

Las Escrituras Santas tienen el poder divino porque ellos son las Palabras del verdadero y viviente Dios. Pero sus propias palabras también son poderosas, sobre todo cuando usted habla la Palabra de Dios. Usted puede vencer a Satanás a través de las palabras:

Y ellos lo han vencido por causa de la sangre del Cordero y de la palabra del testimonio de ellos, porque no amaron sus vidas hasta la muerte" **Apocalipsis 12:11**

La confesión por su boca es parte de la salvación:

Más bien, ¿qué dice? Cerca de ti está la palabra, en tu boca y en tu corazón. Esta es la palabra de fe que predicamos: que si confiesas con tu boca que Jesús es el Señor, y si crees en tu corazón que Dios le levantó de entre los muertos, serás salvo. **Romanos 10:8-10**

Su lengua tiene el poder para traer muerte espiritual o vida según usted ministra a otros:

La muerte y la vida están en el poder de la lengua, y los que gustan usarla comerán de su fruto. **Proverbios 18:21**

Usted puede enredar a si mismo sus propias palabras. Usted puede entrar en dificultades por lo que usted dice:

Te has enredado con tus palabras, y has quedado atrapado con los dichos de tu boca. **Proverbios 6:2**

Sus palabras pueden impedirle de reconocer el poder de Dios:

Dijeron: Por nuestra lengua prevaleceremos. Si nuestros labios están a nuestro favor, ¿quién más se hará nuestro señor? **Salmos 12:4**

Satanás usa las cosas que usted dice para causar una brecha en su espíritu. Una brecha es una apertura a través de la cual él puede entrar:

La lengua apacible es árbol de vida, pero la perversidad en ella es quebrantamiento de espíritu. **Proverbios 15:4**

Lo qué usted dice afecta su alma:

La boca del necio es su propia ruina; sus labios son la trampa de su vida. **Proverbios 18:7**

El que guarda su boca y su lengua guarda su alma de angustias. **Proverbios 21:23**

Sus palabras afectan su cuerpo entero:

Y la lengua es un fuego; es un mundo de maldad. La lengua está puesta entre nuestros miembros, y es la que contamina el cuerpo entero. Prende fuego al curso de nuestra vida, y es inflamada por el infierno. **Santiago 3:6**

Sus palabras afectan su vida entera:

El que guarda su boca guarda su vida, pero al que mucho abre sus labios le vendrá ruina. **Proverbios 13:3**

Los creyentes previenen el flujo del poder de Dios en sus vidas a través de sus propias palabras. Ellos hablan palabras vanas, idólatras y egoístas. Ellos disputan sobre los mandamientos de los hombres que distancian las personas de la verdad del Evangelio. Ellos hablan palabras malignas sobre otros, murmuran, se quejan, se jactan, y mienten. Ellos hablan palabras que causan división, palabras de maldición y amargor.

Entonces ellos se preguntan por qué ellos son impotentes.

Recuerde: El flujo del poder de Dios en su vida no sólo es afectado por el poder de SU Palabra, es afectado por el poder de SUS palabras.

Capítulo 6

PODER DE LA AUTORIDAD

> *Sométase toda persona a las autoridades superiores, porque no hay autoridad que no provenga de Dios; y las que hay, por Dios han sido constituidas.* **Romanos 13:1**

Desde la creación del mundo, Dios ha trabajado para sacar el orden de la confusión. Una manera en que Él ha hecho esto es establecer estructuras de autoridad en cada área de la vida. Las autoridades mayores y más altas son Dios mismo, Su Hijo Jesucristo, y el Espíritu Santo.

Dios también ha establecido estructuras de autoridad que afecta su vida. Estas autoridades son importantes si usted desea el poder espiritual. Si usted no está propiamente bajo la autoridad entonces usted no puede ejercer la autoridad.

UN HOMBRE BAJO AUTORIDAD

Un día en Capernaúm, Jesús tuvo un encuentro interesante con un líder militar.

A nosotros no se nos es dado el nombre de este líder. Sólo nos dicen que él era un Centurión y tenía un siervo que estaba bastante enfermo. Lea la historia del Centurión en

Mateo 8:5-13 y **Lucas 7:1-10** antes de proceder con esta capitulo.

El Centurión era un hombre bajo la autoridad de Roma. Él también tenía autoridad pues él era el líder militar de 100 hombres. Debido a esto él inmediatamente entendió la relación espiritual en que Jesús trabajaba con el Padre. Era similar a su propia relación natural como un Centurión con su comandante.

Jesús era un hombre de autoridad. Él actuó con autoridad. Él perdonó los pecados, sanó el enfermo, expulsó los demonios, e hizo milagros. Pero Jesús también estaba bajo autoridad. Él estaba bajo autoridad del Padre:

Por esto, respondió Jesús y les decía: -De cierto, de cierto os digo que el Hijo no puede hacer nada de sí mismo, sino lo que ve hacer al Padre. Porque todo lo que él hace, esto también lo hace el Hijo de igual manera. **Juan 5:19**

Porque, así como el Padre tiene vida en sí mismo, así también dio al Hijo el tener vida en sí mismo. Y también le dio autoridad para hacer juicio, porque él es el Hijo del Hombre. **Juan 5:26-27**

Porque yo he descendido del cielo, no para hacer la voluntad mía, sino la voluntad del que me envió. **Juan 6:38**

> *Por tanto, Jesús les respondió y dijo: -Mi doctrina no es mía, sino de aquel que me envió.* **Juan 7:16**

> *Porque el que me envió, conmigo está. El Padre no me ha dejado solo, porque yo hago siempre lo que le agrada a él.* **Juan 8:29**

El Centurión reconoció el poder de esta estructura de autoridad y debido a esto él conoció que no era necesario para Jesús venir a su casa para sanar a su siervo. Él sabía que Jesús tenía bastante poder para hablar simplemente la palabra y la sanidad vendría. Jesús elogió al Centurión por su gran fe y sanó a su siervo.

Dondequiera que la autoridad se manifieste, hay una cadena (o el orden apropiado) de orden. ¿Esto es por qué los escribas y fariseos cuestionaron a Jesús, *"Con qué autoridad usted hace estas cosas?"* (Mateo 21:23). Siempre que los hombres observan vidas llenadas del poder y autoridad, ellos buscan descubrir la fuente.

JESÚS BAJO AUTORIDAD

Dios buscó alguien para llevar adelante Su autoridad:

> *Entonces escuché la voz del Señor, que decía: -¿A quién enviaré? ¿Y quién irá por nosotros? Y yo respondí: -Heme aquí, envíame a mí.* **Isaías 6:8**

Dios dio una medida de Su autoridad a los hombres y mujeres en los tiempos del Antiguo Testamento, pero la revelación completa de Su poder y autoridad vino a través de Jesucristo. Jesús sabía que Él tenía esta autoridad:

> *Jesús se acercó a ellos y les habló diciendo: "Toda autoridad me ha sido dada en el cielo y en la tierra.* **Mateo 28:18**

Jesús demostró que Él tenía la autoridad:

> *Pero para que sepáis que el Hijo del Hombre tiene autoridad para perdonar pecados en la tierra, -entonces dijo al paralítico-: ¡Levántate; toma tu camilla y vete a tu casa!* **Mateo 9:6**

Jesús recibió Su autoridad de Dios y con ella Él triunfó sobre todo los poderes del enemigo.

Jesús es la cabeza de todo el principado y poder (**Colosenses 2:10**) porque...

> *...despojó a los principados y autoridades, y los exhibió como espectáculo público, habiendo triunfado sobre ellos en la cruz.* **Colosenses 2:15**

Jesús está bajo la autoridad de Dios y en autoridad sobre todos los otros poderes y autoridades. Como usted previamente supo, Jesús delegó autoridad a usted:

Será como el hombre que al salir de viaje dejó su casa y dio autoridad a sus siervos, a cada uno su obra, y al portero mandó que velase. **Marcos 13:34**

Usted viene bajo la autoridad de Jesús y haciendo esto usted también está bajo la autoridad del Padre. Los creyentes son personas de autoridad espiritual que están bajo autoridad.

AUTORIDADES PUESTAS POR DIOS

Usted ya aprendió que Dios es la fuente de poder:

Porque en él fueron creadas todas las cosas que están en los cielos y en la tierra, visibles e invisibles, sean tronos, dominios, principados o autoridades. Todo fue creado por medio de él y para él. **Colosenses 1:16**

Dios también es el poder detrás de toda la estructura de autoridad que Él ha establecido en el mundo:

Sométase toda persona a las autoridades superiores, porque no hay autoridad que no provenga de Dios; y las que hay, por Dios han sido constituidas. **Romanos 13:1**

Además de la autoridad suprema de Dios, los creyentes están bajo otras estructuras de autoridad que Él ha establecido. Éstas incluyen las autoridades en el hogar, Iglesia, lugar de trabajo, y gobierno.

La situación de cada persona difiere de las otras. Algunas mujeres no tienen ningún marido. Algunas personas no trabajan y no tienen ningún patrón. Ellas no están envueltas en estas estructuras de autoridad. Pero es importante reconocer las estructuras que se relacionan a usted porque Dios las ha establecido. Usted debe estar bajo las autoridades que Él estableció para poder funcionar en autoridad. La autoridad legítima siempre es delegada de alguna fuente.

Cuando usted está bajo autoridad, usted tiene una fuente legítima de la cual su propia autoridad se deriva. Por ejemplo, la esposa en una casa deriva su autoridad del marido. Los diáconos y ancianos en una Iglesia derivan su autoridad de los hombres que Dios pone en la dirección espiritual sobre ellos. Un empleado tiene límites de autoridad establecido por su patrón. Pero todas estas cadenas de comando llevan finalmente a Dios que es la fuente de toda la autoridad.

Todas las autoridades son instituidas por Dios. Al rastrear las autoridades hasta a su fuente, nosotros siempre terminamos en Dios. Debido a esto, la rebelión contra la autoridad impide el flujo del poder de Dios en su vida. Cuando usted se rebela contra aquellos en autoridad usted realmente está rebelándose contra Dios:

> *Sométase toda persona a las autoridades superiores, porque no hay autoridad que no provenga de Dios; y las que hay, por Dios han sido constituidas. Así que, el que se opone a la autoridad, se opone a lo constituido por Dios; y los que se oponen recibirán condenación para sí mismos.*
> **Romanos 13:1-2**

Para ser una persona de autoridad, usted debe estar bajo la autoridad de Dios y de aquellos a quienes Dios tiene establecido sobre usted. Éstas son algunas estructuras de autoridad establecidas por Dios:

LAS AUTORIDADES EN EL HOGAR:

La primera estructura de autoridad establecida por Dios era el hogar (**Génesis 1 a 3**). Aquí está la estructura de Dios para el hogar:

Maridos:

La Biblia enseña que el marido debe ser la cabeza de la familia. La autoridad del marido en la casa será basada en el amor:

> *Porque el esposo es cabeza de la esposa, así como Cristo es cabeza de la iglesia, y él mismo es salvador de su cuerpo.*

> *Esposos, amad a vuestras esposas, así como también Cristo amó a la iglesia y se entregó a sí mismo por ella.*
> **Efesios 5:23, 25**

Esposas:

La esposa debe estar bajo la autoridad amorosa del marido:

Las casadas estén sujetas a sus propios esposos como al Señor. **Efesios 5:22**

Padres:

Juntos, la esposa y el marido deben estar en autoridad sobre los niños:

Hijos, obedeced en el Señor a vuestros padres, porque esto es justo. Honra a tu padre y a tu madre (que es el primer mandamiento con promesa) para que te vaya bien y vivas largo tiempo sobre la tierra. **Efesios 6:1-3**

Pero se advierten a los padres:

Y vosotros, padres, no provoquéis a ira a vuestros hijos, sino criadlos en la disciplina y la instrucción del Señor. **Efesios 6:4**

Toda la autoridad lleva con él la responsabilidad. Los padres deben ejercer una piadosa autoridad con amor. Los maridos deben ejercer el liderato, así como Cristo hacia la Iglesia. Ellos no deben ser mandones y crueles y exigir que la esposa y niños sírvanles como esclavos. Ellos deben se relacionar con su familia como Jesús hace con la Iglesia.

Los maridos deben escuchar a sus esposas, pues ellas son un don de Dios y *"buenas compañeras."* ¿Cómo puede una esposa ayudar su marido si él nunca la escucha a ella y descuida su opinión? Hay registros bíblicos dónde Dios dijo a los hombres que escuchasen a sus esposas (Abraham) y donde Dios habló primero a la esposa antes de hablar al marido (Manoa). Por esto es importante para un marido y esposa respondieren uno al otro adecuadamente. Es interesante notar que una de las razones porque Dios llamó Abraham a la gran responsabilidad del ministerio fue que su casa estaba en el orden apropiado.

Cada estructura de autoridad es ser justa y amorosa. Desgraciadamente, en cada estructura, se ha abusado de la autoridad y las personas no siempre actúan en amor y de manera justa. La estructura de autoridad que Dios ha establecido en el hogar afecta sumamente el ministerio. Si la familia no está en orden entonces uno no puede ejercer el liderato apropiado en el ministerio que es una responsabilidad mayor. Por esto Dios estableció una casa propiamente ordenada como un requisito para el liderato en la Iglesia:

> *Entonces es necesario que el obispo sea irreprensible, marido de una sola mujer, sobrio, prudente, decoroso, hospitalario, apto para enseñar...*

> *Que gobierne bien su casa y tenga a sus hijos en sujeción con toda dignidad. Porque si alguien no sabe gobernar su propia casa, ¿cómo cuidará de la iglesia de Dios?* **1 Timoteo 3:2, 4-5**

> *Sea el anciano irreprensible, marido de una sola mujer, que tenga hijos creyentes que no sean acusados como libertinos o rebeldes.* **Titos 1:6**

La Biblia también habla de oraciones que son impedidas cuando hay desarmonía entre un marido y esposa.

LAS AUTORIDADES EN LA IGLESIA:

Cuando nosotros hablamos de la estructura de autoridad en la Iglesia, nosotros no estamos hablando sobre las organizaciones de los hombres. Nosotros no estamos hablando sobre las denominaciones y la manera como ellas se organizan, contratan, o votan en los líderes. Nosotros estamos refiriéndonos a la estructura bíblica de la Iglesia establecida por Dios.

La cabeza de la Iglesia es que Jesucristo y los creyentes son...

> *Ahora bien, vosotros sois el cuerpo de Cristo, y miembros suyos individualmente.* **1 Corintios 12:27**

Dios pone en la Iglesia los dones especiales de liderato:

Y él mismo constituyó a unos apóstoles, a otros profetas, a otros evangelistas, y a otros pastores y maestros. **Efesios 4:11**

Éstos dones de liderato son establecidos en la Iglesia por Dios. Cuando usted se vuelve parte de una iglesia local, entonces usted viene bajo la autoridad de los hombres puestos por Dios como los líderes en esa comunidad específica.

Estos líderes especiales son ayudados en la iglesia local por los ancianos y/o diáconos que deben servir bajo su dirección. Usted puede leer sobre los deberes y calificaciones para estos hombres en 1 Timoteo 3 y Tito 1.

Dios también da a cada creyente lleno del Espíritu dones espirituales. Estos dones deben funcionar en la iglesia bajo la autoridad del liderato para cumplir los propósitos de edificación y de la obra del ministerio. Usted puede leer sobre los dones en los siguientes pasajes: **Romanos 12:1-8; 1 Corintios 12:1-31; Efesios 4:1-16; 1 Pedro 4:7-11**. Usted puede estudiar estos dones especiales en detalle en el curso del Instituto Internacional Tiempo de Cosecha, "El Ministerio del Espíritu Santo."

La Iglesia es el cuerpo espiritual de Jesucristo. Cada miembro de la Iglesia tiene una responsabilidad diferente, así como las partes de un cuerpo humano. Cada parte viene bajo la dirección de la Cabeza de la Iglesia, Jesucristo.

En el cuerpo humano, cada parte recibe la dirección de la cabeza. El mismo es verdad en el cuerpo espiritual de la Iglesia. No puede haber unidad en el cuerpo sin la autoridad de la cabeza, Jesucristo.

Los miembros del cuerpo deben someter unos a los otros, así como ellos hacen en el cuerpo natural. Por ejemplo, cuando es hora de leer en el cuerpo natural, el ojo toma la autoridad. Cuando es hora de caminar, los pies toman la autoridad. Los miembros del cuerpo espiritual deben someter unos a los otros de una manera similar para habilitar el funcionamiento eficaz en el ministerio.

LAS AUTORIDADES EN EL TRABAJO:

La Biblia establece la estructura de autoridad para aquellos que trabajan como empleados o como patrones. Un patrón es uno que es el dueño, jefe, o uno en el cargo de los trabajadores. Un empleado es un trabajador que es contratado y tiene la responsabilidad de hacer un cierto trabajo.

La Biblia enseña:

> *Siervos, obedeced a los que son vuestros amos en la tierra con temor y temblor, con sinceridad de corazón, como a Cristo; no sirviendo sólo cuando se os esté mirando, como*

> los que quieren quedar bien con los hombres, sino como siervos de Cristo, haciendo la voluntad de Dios con ánimo. Servid de buena voluntad, como al Señor, no como a los hombres, sabiendo que el bien que haga cada uno, eso recibirá de parte del Señor, sea siervo o libre. **Efesios 6:5-8**

El trabajo del siervo o empleado debe ser hecho como hacia el Señor porque Dios es la fuente de todo el poder. También se dan instrucciones a los dueños o patrones. La estructura de autoridad de uno bajo autoridad se refleja de nuevo claramente en este pasaje:

> Y vosotros, amos, haced con ellos lo mismo, dejando las amenazas; porque sabéis que el mismo Señor de ellos y vuestro está en los cielos, y que no hay distinción de personas delante de él. **Efesios 6:9**

Los patrones deben tratar a sus siervos justamente, así como ellos son tratados justamente por Dios de quien ellos derivan su poder.

LAS AUTORIDADES EN EL GOBIERNO:

Según **Mateo 20:25-28** la estructura de poder del mundo no es igual en el Reino de Dios. Pero, aunque nosotros somos creyentes y parte del Reino de Dios, en la actualidad nosotros todavía vivimos en el mundo. Cada uno de nosotros vive en un pueblo o ciudad que es parte de un condado, provincia, estado, y país. Cada uno de nosotros vive bajo el gobierno local y nacional y hay leyes y líderes del gobierno en autoridad sobre nosotros.

Usted aprendió previamente que la Biblia enseña que Dios es la fuente de todo el poder. **Romanos 13** explica cómo esto se relaciona con las autoridades gubernamentales. Vuélvase a este capítulo en su Biblia.

Versículo uno enseña que Dios es la fuente de todo el poder y usted debe estar sujeto a estos poderes.

Versículo dos indica que cuando usted se rebela contra estos poderes, usted está en realidad se rebelando contra Dios.

Versículos 3-4 explican que los líderes del gobierno sólo son un terror a usted cuando usted los desobedece. Ellos realmente se comparan a ministros de Dios.

Dios trae los líderes gubernamentales al poder y puede destronarlos a voluntad:

> *El cambia los tiempos y las ocasiones; quita reyes y pone reyes. Da sabiduría a los sabios y conocimiento a los entendidos.* **Daniel 2:21**

> *La sentencia fue por decreto de los vigilantes, y la decisión por la palabra de los santos, para que los vivientes reconozcan que el Altísimo es Señor del reino de los*

hombres, que lo da a quien quiere y que constituye sobre él al más humilde de los hombres. **Daniel 4:17**

Daniel cuenta la historia de un Rey nombrado Nabucodonosor que no reconoció la fuente de su poder terrenal hasta que Dios lo enseñó:

Pero cuando su corazón se enalteció y su espíritu se endureció con arrogancia, fue depuesto de su trono real, y su majestad le fue quitada. Fue echado de entre los hijos del hombre. Su corazón fue hecho semejante al de los animales, y con los asnos monteses estaba su morada. Le daban de comer hierba, como a los bueyes, y su cuerpo era mojado con el rocío del cielo, hasta que reconoció que el Dios Altísimo es Señor del reino de los hombres y que levanta sobre él a quien quiere. **Daniel 5:20-21**

Dios envió un profeta al Rey Amasías para instruirlo cuando él estaba planeando ir a la batalla:

Entonces un hombre de Dios fue a él y dijo: -Oh rey, que no vaya contigo el ejército de Israel; porque Jehovah no está con Israel ni con ninguno de los hijos de Efraín. Aunque tú fueras y te esforzaras en la batalla, Dios te haría fracasar delante del enemigo. Porque en Dios hay poder para ayudar o para hacer fracasar. **2 Crónicas 25:7-8**

Estos versículos ilustran que Dios claramente establece la dirección gubernamental. Él incluso trabaja en las batallas de este mundo, levantando uno, lanzando abajo otro. Desgraciadamente, así como a veces se hace mal uso de las estructuras de autoridad en el hogar y en la iglesia, también hacen mal uso de ellas en el gobierno. Los líderes malos y crueles han tomado el poder en muchas naciones. Ellos se niegan a reconocer Dios como la fuente del poder y llevan a los creyentes a sufrir. Cuando cualquier gobierno o regulación contradice lo que se enseña en la Palabra de Dios, entonces usted debe obedecer Dios en lugar del hombre. Cuando a los Discípulos les fue prohibido predicar en el nombre de Jesús...

> *Pero respondiendo Pedro y los apóstoles, dijeron: -Es necesario obedecer a Dios antes que a los hombres.* **Hechos 5:29**

Ellos comprendieron que esta demanda era contraria al mandamiento de Jesús que les dijo que predicasen el Evangelio en todo el mundo. En otras áreas nosotros debemos estar...

> *...sujetos, no solamente por razón del castigo, sino también por motivos de conciencia. Porque por esto pagáis también los impuestos, pues los gobernantes son ministros de Dios que atienden a esto mismo. Pagad a todos lo que debéis: al que tributo, tributo; al que impuesto, impuesto; al que respeto, respeto; al que honra, honra.* **Romanos 13:5-7**

Debido a sus grandes responsabilidades y al potencial para el abuso de poder, usted debe orar:

> *Por los reyes y por todos los que están en eminencia, para que llevemos una vida tranquila y reposada en toda piedad y dignidad.* **1 Timoteo 2:2**

TODO LOS PODERES SE VOLVERÁN EL PODER DE DIOS

Dios es la fuente de todo el poder en los mundos natural y espiritual. Todo el poder es delegado por Él. Él delegó este poder para establecer la estructura en el hogar, Iglesia, mercado de trabajo, comunidad, y nación. Pero vendrá un tiempo en el futuro cuando todos los poderes delegados se volverán a Su poder de nuevo:

> *Después el fin, cuando él entregue el reino al Dios y Padre, cuando ya haya anulado TODO PRINCIPADO, AUTORIDAD Y PODER.* **1 Corintios 15:24**

> *Pero cuando aquél le ponga en sujeción todas las cosas, entonces el Hijo mismo también será sujeto al que le sujetó todas las cosas, para que Dios sea el todo en todos.* **1 Corintios 15:28**

Capítulo 7

SÉ QUE MI REDENTOR VIVE DECRETO Y DECLARO ORACIONES PROFÉTICAS

Cuando te enfrentas a una situación de tipo Job y deseas que Dios manifieste Su poder. Las pruebas, las tentaciones y las adversidades de Job y su triunfo final y la restauración de todas sus pérdidas, establecen el hecho de que el gran Redentor vive. Esto es suficiente para disipar cualquier temor que pueda tener con respecto a cualquier experiencia amarga que esté experimentando en este momento.

Job 19:25 *"Yo sé que mi Redentor vive, Y al fin se levantará sobre el polvo;"* Nuestro redentor es Dios o el Mesías. La palabra canjear significa comprar nuevamente. Las leyes de la redención de la propiedad se registran en **Levítico 25**. La propiedad se puede devolver al propietario o a sus familiares en cualquier momento o en el Año del Jubileo.

Jesús es nuestro Redentor Él es el 'Primogénito de toda criatura' (**Col 1:15**). Él es nuestro Gran Hermano y ha venido a redimirnos de las garras de Satanás, el pecado, la enfermedad, la muerte y la pobreza (**Gálatas 3:13**). Por Su muerte en la cruz, Él nos compró con Su preciosa sangre para que podamos ser Suyos (**1 Pedro 1: 18,19**).

Jesús está vivo, intercediendo por los santos.

Como nuestro Redentor El:

Nos enseña cómo obtener ganancias, es decir, nos da prosperidad divina y nos aumenta (**Isaías 48:17**).

Nos enseña el camino que debemos seguir, es decir, nos da dirección divina (**Isaías 48: 1**).

Nos da seguridad divina (**Salmo 78:35**).

Nos ayuda, es decir, asistencia divina (**Isaías 41:14**).

Borra nuestros pecados, es decir, el perdón divino (**Isaías 44:22**).

Nos elige para la grandeza, es decir, elección divina (**Isaías 49: 7**).

Nos muestra misericordia, es decir, favor divino (Isaías 54: 8).

Transfiere la riqueza de los gentiles a ti, es decir, elevación divina (**Isaías 60:16**).

Defiende tu causa (**Jeremías 50:34**).

Redime nuestras vidas de la destrucción, es decir, liberación divina (**Salmo 103: 4**).

DECRETO Y DECLARO EN EL NOMBRE IMPRESIONANTE DE JESUCRISTO

Jeremias 1:12: *Entonces el SEÑOR me dijo: Bien has visto, porque apresuraré mi palabra para cumplirla.*

Decreto y declaro que cancelo mi nombre y el de mi familia del registro de defunción, con el fuego de Dios, en el nombre de Jesucristo.

Decreto y declaro: Toda arma de destrucción hecha contra mí, sea destruida por el fuego de Dios, en el nombre de Jesús.

Decreto y declaro, Fuego de Dios, lucha por mí en cada área de mi vida, en el nombre de Jesús.

Decreto y declaro: Todo obstáculo para mi protección, sea derretido por el fuego de Dios, en el nombre de Jesús.

Decreto y declaro: Todo mal que se congrega contra mí, sea dispersado por el fuego de trueno de Dios, en el nombre de Jesús.

Decreto y declaro, oh Señor, que tu fuego destruya toda lista malvada que contenga mi nombre, en el nombre de Jesús.

Todos los fracasos del pasado, se convierten al éxito, en el nombre de Jesús.

Decreto y declaro, oh Señor, que la lluvia temprana, la lluvia tardía y tu bendición se derramen sobre mí ahora.

Decreto y declaro, oh Señor, que todo el mecanismo de falla del enemigo diseñado en contra de mi éxito sea frustrado, en el nombre de Jesús.

Decreto y declaro, recibo poder de lo alto y paralizo todos los poderes de la oscuridad que están desviando mis bendiciones, en el nombre de Jesús.

Decreto y declaro: A partir de este día, empleo los servicios del Santo

Decreto y declaro, Ángeles de Dios, que me abran todas las puertas de las oportunidades y los avances, en el nombre de Jesús.

Decreto y declaro, no daré vueltas en círculos otra vez, progresaré, en el nombre de Jesús.

Decreto y declaro: no edificaré para que otro habite y no plantaré para que otro coma, en el nombre de Jesús.

Decreto y declaro: paralizo los poderes vacíos y estériles con respecto a mi trabajo manual, en el nombre de Jesús.

Decreto y declaro, oh Señor, que cada langosta, oruga y gusano de palmera asignados para comer el fruto de mi trabajo sean asados por el fuego de Dios.

Yo decreto y declaro: El enemigo no dañará mi testimonio, en el nombre de Jesucristo.

Decreto y declaro: rechazo todo viaje hacia atrás, en el nombre de Jesucristo.

Decreto y declaro: paralizo a todo hombre fuerte unido a cualquier área de mi vida, en el nombre de Jesús.

Decreto y declaro: Que todo agente de la vergüenza creado para trabajar en contra de mi vida quede paralizado, en el nombre de Jesús.

Decreto y declaro: paralizo las actividades de maldad doméstica sobre mi vida, en el nombre de Jesús.

Decreto y declaro: apago todo fuego extraño que emana de malas lenguas contra mí, en el nombre de Jesús.

Decreto y declaro, Señor concédeme el poder para el logro máximo.

Decreto y declaro, oh Señor, dame autoridad reconfortante para lograr mi objetivo.

Decreto y declaro Señor, fortaléceme con Tu poder en el nombre de Jesucristo.

(*Apoya tu mano derecha en tu cabeza mientras declaras este punto de oración.*) Toda maldición de trabajo duro sin provecho, se rompe, en el nombre de Jesús.

(*Apoya tu mano derecha en tu cabeza mientras declaras este punto de oración.*) Toda maldición de no logro o ruptura, se cancela en el nombre de Jesús.

Pon tu mano derecha sobre tu cabeza y ora así: Toda maldición de atraso, se rompe, en el nombre de Jesús.

Decreto y declaro: los poderes contrarios que alimentan la rebelión en mi vida, mueren, en el nombre de Jesús.

Toda inspiración de brujería en mi familia, será destruida, en el nombre de Jesús.

Sangre de Jesús, borra cada marca maligna de brujería en mi vida, en el nombre de Jesús.

Toda prenda que me toque de la brujería será despedazada en el nombre de Jesús.

Ángeles de Dios, comiencen a perseguir a mis enemigos domésticos, hagan que sus caminos sean oscuros y resbaladizos, en el nombre de Jesús.

Señor, confúndelos y vuélvalos contra sí mismos.

Rompo todos los malos acuerdos inconscientes con los enemigos domésticos con respecto a mis milagros, en el nombre de Jesús.

La brujería doméstica, cae y muere, en el nombre de Jesús.

Oh Señor, arrastra toda la maldad doméstica al mar muerto y entiérralos allí.

Oh Señor, me niego a seguir el malvado patrón de mis enemigos domésticos.

Mi vida, sale de la jaula de maldad familiar, en el nombre de Jesús.

Ordeno que todas mis bendiciones y potenciales que fueron enterrados por enemigos domésticos malvados sean exhumados, en el nombre de Jesús.

Veré la bondad del Señor en la tierra de los vivos, en el nombre de Jesús.

Todo lo hecho contra mí para arruinar mi alegría, recibe destrucción, en el nombre de Jesús.

Oh Señor, como Abraham recibió favor en Tus ojos, déjame recibir Tu favor, para que pueda destacar en cada área de mi vida.

HABLAR VIDA | Dr. Abraham Peters

Señor Jesús, trata generosamente conmigo en este poceso.

No importa, lo merezco o no, recibo inconmensurable favor del Señor, en el nombre de Jesús.

Cada bendición que Dios me ha atribuido en este proceso no me pasará por alto, en el nombre de Jesús.

Mi bendición no será transferida a mi prójimo en esta vida, en el nombre de Jesús.

Padre Señor, deshonre cada poder que está fuera para frustrar su programa para mi vida, en el nombre de Jesús.

Cada paso que dé me conducirá a un éxito sobresaliente, en el nombre de Jesús.

Voy a prevalecer con el hombre y con Dios en cada área de mi vida, en el nombre de Jesús.

Cada habitación de enfermedad en mi vida, se rompe en pedazos, en el nombre de Jesús.

Mi cuerpo, alma y espíritu, rechazan toda carga maligna, en el nombre de Jesús.

Mal fundamento en mi vida, hoy te derribo, en el poderoso nombre de Jesús.

Cada enfermedad hereditaria en mi vida, apártate de mí ahora, en el nombre de Jesús.

Cada agua malvada en mi cuerpo, sal, en el nombre de Jesús.

Cancelo el efecto de cada dedicación maligna en mi vida, en el nombre de Jesús.

Fuego del Espíritu Santo, inmuniza mi sangre contra el envenenamiento satánico, en el nombre de Jesús.

Padre Señor, pon el autocontrol en mi boca, en el nombre de Jesús.

Me niego a acostumbrarme a la mala salud, en el nombre de Jesús.

Cada puerta abierta a la enfermedad en mi vida, permanece cerrada hoy, en el nombre de Jesús.

Todo poder que se confronta con Dios en mi vida, sea quemado, en el nombre de Jesús.

Cada poder que impide que la gloria de Dios se manifieste en mi vida, se paraliza, en el nombre de Jesús.

Me libero del espíritu de desolación, en el nombre de Jesús.

Dejo que Dios sea Dios en mi hogar, en el nombre de Jesús.

Dejo que Dios sea Dios en mi salud, en el nombre de Jesús.

Dejo que Dios sea Dios en mi carrera, en el nombre de Jesús.

Dejo que Dios sea Dios en mi economía, en el nombre de Jesús.

Gloria de Dios, envuelve cada área de mi vida, en el nombre de Jesús.

El Señor que responde por fuego, sea mi Dios, en el nombre de Jesús.

En este proyecto, todos mis enemigos se dispersarán para no levantarse más, en el nombre de Jesús.

Sangre de Jesús, se derrama contra todas las reuniones malvadas organizadas contra mi bien, en el nombre de Jesús.

Padre Señor, convierte todos mis fracasos pasados en victorias ilimitadas, en el nombre de Jesús.

Señor Jesús, crea espacio para mi avance en cada área de mi vida.

Todos los malos pensamientos en mi contra, Señor conviértelos en buenos para mí.

Padre, Señor, retribuye a hombres malvados que han tomado decisiones malvadas para mi vida y en mi contra, en el nombre de Jesús.

Oh, Señor, anuncia Tu asombrosa prosperidad en mi vida.

Que caigan las lluvias de una prosperidad sorprendente en todos los ámbitos de mi vida, en el nombre de Jesús.

Reclamo toda mi prosperidad en este proyecto, en el nombre de Jesús.

Cada puerta de mi prosperidad que ha sido cerrada, se abrirá ahora, en el nombre de Jesús.

Oh Señor, convierte mi pobreza en prosperidad, en el nombre de Jesús.

Oh Señor, convierte mi error en perfección, en el nombre de Jesús.

Oh Señor, convierte mi frustración en realización, en el nombre de Jesús.

Oh Señor, saca miel de la roca por mí, en el nombre de Jesús.

Me opongo a todo pacto malvado de muerte súbita, en el nombre de Jesús.

Rompo todo pacto malvado consciente e inconsciente de muerte prematura, en el nombre de Jesús.

Espíritu de muerte e infierno, no tienes ninguna legalidad en mi vida, en el nombre de Jesús.

HABLAR VIDA | Dr. Abraham Peters

Piedras de la muerte, apártense de mis caminos, en el nombre de Jesús.

Oh Señor, hazme una voz de liberación y bendición.

Pise los lugares altos de los enemigos, en el nombre de Jesús.

Yo ato y vuelvo inútil, cada demonio chupador de sangre, en el nombre de Jesús.

Tu, malvada corriente de muerte, suelta tu control en mi vida, en el nombre de Jesús.

Frustre las decisiones de los operadores del mal.

Frustre las decisiones de los abridores del mal en mi familia, en el nombre de Jesucristo.

Fuego de protección, cubre a mi familia, en el nombre de Jesucristo

Oh Señor, haz mi camino perfecto, en el nombre de Jesucristo

A lo largo de los días de mi vida, no seré avergonzado más, en el nombre de Jesucristo.

Decreto y declaro: rechazo toda prenda de vergüenza, en el nombre de Jesucristo.

Yo decreto y declaro, rechazo todo zapato de vergüenza, en el nombre de Jesucristo.

Decreto y declaro: rechazo manto de vergüenza, en el nombre de Jesucristo.

La vergüenza no será mi suerte, en el nombre de Jesucristo.

Cada limitación demoníaca de mi progreso como resultado de la vergüenza, debe eliminarse, en el nombre de Jesús.

Cada red de vergüenza a mi alrededor, estar paralizado, en el nombre de Jesús.

Aquellos que buscan mi vergüenza morirán por mí, en el nombre de Jesús.

En cuanto a la vergüenza, no registraré ningún punto para Satanás, en el nombre de Jesús.

En el nombre de Jesús, no comeré el pan del dolor, no comeré el pan de la vergüenza y no comeré el pan de la derrota.

Ningún mal me tocará a lo largo de mi vida, en el nombre de Jesús.

En este programa, alcanzaré mi objetivo, en el nombre de Jesús.

HABLAR VIDA | Dr. Abraham Peters

En cada área de mi vida, mis enemigos no me atraparán, en el nombre de Jesús.

En cada área de mi vida, correré y no me cansaré, caminaré y no me desmayaré.

Oh Señor, en cada área de mi vida, no dejes que mi vida te deshonre.

No seré una víctima del fracaso y no me morderé el dedo por ninguna razón, en el nombre de Jesús.

Ayúdame, oh Señor, a encontrarme con el estándar de Dios para mi vida.

Me niego a ser un candidato para el espíritu de la amputación, en el nombre de Jesús.

Con cada día de mi vida, me moveré a un terreno más elevado, en el nombre de Jesús.

Todo espíritu de vergüenza que se pone en movimiento contra mi vida, te ato, en el nombre de Jesús.

Todos los espíritus que compiten contra mis avances, sean encadenados, en el nombre de Jesús.

Yo ato a todo espíritu de esclavitud, en el nombre de Jesús.

En todos los días de mi vida, deshollo a todos mis perseguidores testarudos, en el nombre de Jesús.

Ato, todo espíritu de Herodes, en el nombre de Jesús.

Todo espíritu que desafía a mi Dios, sea deshonrado, en el nombre de Jesús.

Cada Mar Rojo delante de mí, se separa, en el nombre de Jesús.

Yo ordeno fin a cada espíritu de mal que se vincule en cada área de mi vida, en el nombre de Jesús.

Todos los espíritus de Saúl, sean deshonrados en mi vida, en el nombre de Jesús.

Cada espíritu de Faraón, sea deshonrado en mi vida, en el nombre de Jesús.

Rechazo toda invitación malvada al atraso, en el nombre de Jesús.

Yo ordeno que cada piedra de obstáculo en mi vida sea removida, en el nombre de Jesús.

Padre Señor, quita todas las piedras de la pobreza de mi vida, en el nombre de Jesús.

Dejo que todas las piedras de infertilidad en mi matrimonio se deshagan, en el nombre de Jesús.

Que cada piedra de no logro en mi vida sea removida, en el nombre de Jesús.

HABLAR VIDA | Dr. Abraham Peters

Dios mío, quita todas las piedras de las penurias y la esclavitud de mi vida, en el nombre de Jesús.

Dios mío, tira cada piedra del fracaso plantada en mi vida, mi hogar y en mi negocio, en el nombre de Jesús.

Ustedes piedras de obstáculo, plantados al borde de mis avances, sean removidos, en el nombre de Jesús.

Ustedes piedras de estancamiento, estacionadas en el límite de mi vida, sean removidas, en el nombre de Jesús.

Dios mío, permite que cada piedra del "amputador" plantada al principio de mi vida, en el medio de mi vida y al final de mi vida, sea removida, en el nombre de Jesús.

Padre Señor, te agradezco por todas las piedras que has hecho rodar y prohíbo su regreso, en el nombre de Jesús.

Dejo que el poder de arriba venga sobre mí, en el nombre de Jesús.

Padre, anuncia tu poder en cada área de mi vida, en el nombre de Jesús.

Padre Señor, hazme un generador de energía, a lo largo de los días de mi vida, en el nombre de Jesús.

Dejo que el poder de vivir una vida santa a lo largo de los días de mi vida caiga sobre mí, en el nombre de Jesús.

Dejo que el poder de vivir una vida victoriosa a lo largo de los días de mi vida caiga sobre mí, en el nombre de Jesús.

Dejo que el poder para prosperar a lo largo de los días de mi vida caiga sobre mí, en el nombre de Jesús.

Dejo que el poder de tener buena salud durante todos los días de mi vida caiga sobre mí, en el nombre de Jesús.

Dejo que el poder de deshonrar a mis enemigos a lo largo de los días de mi vida caiga sobre mí, en el nombre de Jesús.

Dejo que el poder de Cristo descanse sobre mí ahora, en el nombre de Jesús.

Dejo que el poder de atar y desatar caiga sobre mí ahora, en el nombre de Jesús.

Padre, Señor, deja que Tu llave de reavivamiento abra cada departamento de mi vida para tu fuego de avivamiento, en el nombre de Jesús.

Decreto y declaro Cada área de mi vida que está en el punto de la muerte, reciba el toque de avivamiento, en el nombre de Jesucristo.

Padre, Señor, envía tu fuego y unción a mi vida, en el nombre de Jesús.

Cada área sin escrúpulos en mi vida, reciba el toque de fuego y sea crucificada, en el nombre de Jesucristo.

Decreto y declaro, dejen caer el fuego y consuman todos los obstáculos a mi avance, en el nombre de Jesucristo.

Decreto y declaro: los obstinados problemas en mi vida, reciben la dinamita del Espíritu Santo, en el nombre de Jesucristo.

Tú llevas a cabo el milagro de mis pasados ayunos y oraciones, recibe el toque de fuego y se materializa, en el nombre de Jesucristo.

Fuego del Espíritu Santo, bautízame con un milagro de oración, en el nombre de Jesús.

Cada área de mi vida que necesita liberación, recibe el toque de fuego y se libera, en el nombre de Jesús.

Permite que mis ángeles de bendición me ubiquen ahora, en el nombre de Jesús.

Cada programa satánico de imposibilidad, te cancelo ahora, en el nombre de Jesús.

Toda maldad doméstica y su programa de imposibilidad, es paralizado, en el nombre de Jesús.

Ninguna maldición caerá sobre mi cabeza, en el nombre de Jesús.

A lo largo de los días de mi vida, no malgastaré dinero en mi salud: el Señor será mi sanador, en el nombre de Jesús.

Durante los días de mi vida, estaré en el lugar correcto en el momento correcto.

A lo largo de los días de mi vida, no me apartaré del fuego de la protección de Dios, en el nombre de Jesús.

Durante los días de mi vida, no seré candidato para una enfermedad incurable, en el nombre de Jesús.

Todas las armas de cautiverio, sean deshonradas, en el nombre de Jesús.

Señor, antes de terminar este plan, necesito un milagro excepcional en cada área de mi vida.

Dejo que cada ataque planeado contra el progreso de mi vida sea frustrado, en el nombre de Jesús.

Ordeno a los espíritus de hostigamiento y tormento que me dejen, en el nombre de Jesús.

Señor, comienza a hablar con solidez en mi mente y mi ser.

Revoco cada maldición de brujería emitida contra mi progreso, en el nombre de Jesús.

HABLAR VIDA | Dr. Abraham Peters

Condeno a todos los espíritus que me perturban, en el nombre de Jesús.

Dejo que la precisión y operaciones divinas entren en mi vida, en el nombre de Jesús.

Ninguna directriz maligna se manifestará en mi vida, en el nombre de Jesús.

Que los planes y propósitos del cielo se cumplan en mi vida, en el nombre de Jesús.

Oh Señor, tráeme a tus amigos que reverencian tu nombre y mantén alejados a todos los demás.

Permite que la fuerza divina entre en mi vida, en el nombre de Jesús.

Oh Señor, haz que seas real en mi vida.

Oh Señor, muéstrate en mi vida hoy.

Que todas las fortalezas que trabajan en contra de mi paz sean destruidas, en el nombre de Jesús.

Dejo que el poder de destruir cada decreto de oscuridad que opera en mi vida caiga sobre mí ahora, en el nombre de Jesús.

Señor, libera mi lengua del malvado silencio.

Señor, deja que mi lengua les cuente a los demás tu vida.

Señor, suelta mi lengua y úsala para tu gloria.

Señor, deja que mi lengua traiga ovejas descarriadas al redil.

Señor, permite que mi lengua fortalezca a los que están desanimados.

Señor, deja que mi lengua guíe a los tristes y solitarios.

Señor, bautiza mi lengua con amor y fuego.

Que todos los perseguidores impenitentes y obstinados en mi vida sean deshonrados, en el nombre de Jesús.

Establezco que toda maldición de hierro que trabaja contra mi vida sea rota por la sangre de Jesús, en el nombre de Jesús.

Dejo que cada problema diseñado para deshonrarme reciba abierta vergüenza, en el nombre de Jesús.

Dejo que cada problema que se ancle en mi vida sea desarraigado, en el nombre de Jesús.

Múltiples convenios malvados, sean quebrantados por la sangre de Jesús, en el nombre de Jesús.

Múltiples maldiciones, sean rotas por la sangre de Jesús, en el nombre de Jesús.

Todo lo que se haga contra mí con los candados malvados, será anulado por la sangre de Jesús, en el nombre de Jesús.

Todo lo que se haga contra mí en cualquier cruce de caminos, será anulado por la sangre de Jesús, en el nombre de Jesús.

Que cada demonio terco y resistente a la oración reciba piedras de fuego y trueno, en el nombre de Jesús.

Cada enfermedad obstinada y resistente a la oración, quita tu maldad de mi vida, en el nombre de Jesús.

Todos los problemas asociados con los muertos serán destruidos por la sangre de Jesús, en el nombre de Jesús.

Recupero mis propiedades robadas siete veces, en el nombre de Jesús.

Que cada recuerdo maligno sobre mí sea borrado por la sangre de Jesús, en el nombre de Jesús.

Decreto y declaro, no permitiré que mis avances sean enjaulados, en el nombre de Jesús.

Dejen que el sol de justicia de mi prosperidad surja y esparzan todas las nubes de estancamiento, frustración, atraso y pobreza, en el nombre de Jesucristo.

Decreto el avance imparable sobre mi vida, en el nombre de Jesús.

Yo empapo todos los días de mi vida en la sangre de Jesús y en señales y prodigios, en el nombre de Jesús.

Rompo toda fortaleza de opresión en mi vida, en el nombre de Jesús.

Que cada alegría satánica sobre mi vida sea terminada, en el nombre de Jesús.

Paralizo toda maldad doméstica, en el nombre de Jesús.

Dejo que cada río satánico que se extiende sobre mi vida se seque por la sangre de Jesús, en el nombre de Jesús.

Ato cada espíritu ancestral y les ordeno que pierdan su control sobre mi vida, en el nombre de Jesucristo.

Decreto y declaro, oh Señor, dame autoridad reconfortante para lograr mi objetivo.

Decreto y declaro, Señor, fortaléceme con Tu poder en el nombre de Jesucristo.

Decreto y declaro: paralizo todo espíritu de desobediencia en mi vida, en el nombre de Jesús.

Decreto y declaro, me niego a desobedecer la voz de Dios, en el nombre de Jesucristo.

Decreto y declaro mis desplazamientos no se romperán - 2 Samuel 5: (enfoque vesícula 20)

ORACIONES PROFÉTICAS PARA MANTENER UN CAMINAR SOSTENIBLES

Escritura: 1 Samuel 23. 2 Samuel 5. 1 Reyes 18. Confesiones: Salmo 138: 8, Isaías 54:3 y 58:8.

Decreto y declaro: Derrota, te venzo por el poder en la sangre de Jesucristo

Decreto y declaro: Ya es tiempo suficiente. Tomo mi posesión por fuego, en el nombre de Jesucristo

Decreto y declaro: Todo poder que perturba mi sueño, mi Dios te molestará hoy, en el nombre de Jesucristo.

Decreto y declaro: Toda maldición de piernas largas, en mi familia, muere, en el nombre de Jesucristo

Decreto y declaro, Mis enemigos, mis problemas han terminado, ahora es su turno, por lo tanto, carguen con sus cargas, en el nombre de Jesucristo

Decreto y declaro: Toda oscuridad que cuelga de mi árbol genealógico, sea rota, en el nombre de Jesucristo

Decreto y declaro: Unción para desollar mis problemas, caiga sobre mí, en el nombre de Jesucristo

Decreto y declaro, Yugos de retraso satánico, se pudren, en el nombre de Jesucristo

Decreto y declaro: Cualquier poder para dañarme, que se duerma, no debes despertar, en el nombre de Jesucristo

Decreto y declaro: rompo el ataúd de la oscuridad con el martillo de fuego, en el nombre de Jesucristo

Yo decreto y declaro, Buitres de la oscuridad, asignados en mi contra, mueren, en el nombre de Jesucristo.

Decreto y declaro: Siete espíritus de Dios, se manifiestan en mi vida, en el nombre de Jesucristo (**Isaías 11: 2**).

Decreto y declaro: Todo poder que quiere que sufra lo que mis padres sufrieron, muere, en el nombre de Jesucristo

Decreto y declaro: toda tumba financiera cavada para mí, se desvanece, en el nombre de Jesucristo.

Decreto y declaro: Cualquier problema asociado con cualquier pariente muerto, muere, en el nombre de Jesucristo

Decreto y declaro: Derribo el plan del enemigo para matarme, en el nombre de Jesucristo

Decreto y declaro, puertas falsas, abiertas por el enemigo para mí, caen, en el nombre de Jesucristo

Decreto y declaro, Tormentas lanzadas contra mi vida, sean encerradas por fuego, en el nombre de Jesucristo

Decreto y declaro: Todo veneno en mi cuerpo, muere, en el nombre de Jesucristo

Decreto y declaro: Dejo que los hombres comiencen a competir para favorecerme, en el nombre de Jesucristo

Decreto y declaro, los profetas satánicos convocados contra mi espíritu, reciben la locura, en el nombre de Jesucristo

Decreto y declaro, sirena satánica, que está cerrando mi prosperidad, cállate, en el nombre de Jesucristo

Decreto y declaro: muere todo poder de inversión inútil en el nombre de Jesucristo

Decreto y declaro: Cualquier cosa enviada para dañar mi destino, se prenda en fuego, en el nombre de Jesucristo

Yo decreto y declaro, oh Dios de señales y prodigios, aparece en mi situación con fuego, en el nombre de Jesucristo

Decreto y declaro, Dedos de los malvados, acosando mis avances, los marchito, en el nombre de Jesucristo

Decreto y declaro, oh Dios, levántate y silba sobre mis enemigos, en el nombre de Jesucristo

Decreto y declaro: Cada poder vampírico, asignado contra mí, muere, en el nombre de Jesucristo

Decreto y declaro, Trueno de Dios, levántate, desgasta mis enemigos, en el nombre de Jesucristo.

Decreto y declaro: Todo poder del hombre fuerte, bloqueando mis posibilidades, muere, en el nombre de Jesucristo.

Decreto y declaro, Poder de la bendición demorada, muere, en el nombre de Jesucristo

Decreto y declaro que todo poder que quiere que trabaje en vano, muera, en el nombre de Jesucristo

Decreto y declaro Mis inversiones, se levantan, magnetizo grandes ganancias, en el nombre de Jesucristo.

Padre, dame poder para ser obediente a tu Palabra para que mi vida sea próspera en el nombre de Jesucristo **(Josué 1: 8)**

Cada duda que se ha convertido en fortalezas en mi vida, se descompone en el nombre de Jesucristo

Destierro la ansiedad y el estrés en mi vida en el nombre de Jesucristo

Rechazo toda actitud de timidez y reclamo una mente de valentía en el nombre de Jesucristo.

Cualquier relación que pueda sabotear mi destino permite que se rompa en el nombre de Jesucristo.

Señor, dame un espíritu de excelencia para que pueda elevarme en mi llamado y glorificar tu nombre. (**Daniel 6:3**)

Padre celestial, confío plenamente mis planes en tus manos y confío en que me ayudarás a establecerlos. (**Proverbios 16:3**)

Señor, deja que tu paz que sobrepasa todo entendimiento sature mi mente, cuerpo y alma en el nombre de Jesucristo.

Dios Todopoderoso, deja que el éxito se manifieste en cada área de mi vida y mi familia para que tu Santo nombre pueda ser glorificado y magnificado continuamente.

Señor Dios, confío en que me mostrarás el favor a donde quiera que vaya y donde sea que me vuelva en el nombre de Jesucristo.

Tengo la certeza y la expectativa de que seré victorioso al final en el nombre de Jesucristo (**Jeremías 29:11**).

Mi Dios puede hacer más de lo que pienso, pregunto o imagino. (**Efesios 3:20**).

Decreto y declaro que tendré éxito y no fracasaré porque Cristo habita abundantemente en mí. (**Gálatas 2:20**).

Dios se levanta y bendice todas las obras de mis manos para que tu nombre sea glorificado (**Deuteronomio 28:12**).

Señor, ayúdame a meditar en la palabra día y noche para que pueda prosperar en todas las cosas (**Salmo 1: 2-3**).

Ahora recibo claridad sobre las maravillosas oportunidades que tengo a mi disposición en el nombre de Jesucristo

Señor bendíceme para que pueda bendecir mi entorno en el nombre de Jesucristo

Señor, bendíceme a mí para que pueda bendecir a los pobres, huérfanos y viudas en el nombre de Jesucristo. (**Santiago** 1:27)

Señor, abre mis ojos para reconocer todos los potenciales no aprovechados con los que me has bendecido en el nombre de Jesucristo.

Ayúdame a no tomar las bendiciones y favores que me has dado por sentado en el nombre de Jesucristo.

Oh Señor, líbrame de una mente de procrastinación y pereza en el nombre de Jesucristo.

Oh Señor, vísteme con la ropa del favor para que pueda expandir tu Reino a donde quiera que vaya en el nombre de Jesucristo.

Decreto y declaro: Nuestra alma se ha librado como un pájaro de la trampa de los cazadores: la trampa se ha roto, y hemos escapado. (**Salmo 124:7**)

Mi alegría se multiplicará hoy cuando reciba un favor ilimitado en el nombre de Jesús.

Nada me será imposible porque estoy en Cristo, y por medio de él puedo hacer todas las cosas (**Filipenses 4:13**).

Oh Señor, permite que tu Espíritu me conduzca a un éxito ilimitado y favorece este mes en el nombre de Jesús.

Permita que favorezca el reinado en mi vida hoy y para siempre en el nombre de Jesús.

Señor, déjame estar en el lugar correcto en el momento correcto en el nombre de Jesús.

Desmantelo cada oposición que lucha contra mí en el nombre de Jesús.

Los que me rechazaron pronto me abrirán las puertas en el nombre de Jesús.

Recibo el favor y la victoria total en el nombre de Jesús.

Donde quiera que vaya, permita que sus bendiciones avancen, honren me sigan y me alcancen en el nombre de Jesús.

Espíritu Santo dirígeme a las maravillas que tienes guardadas para mí en el nombre de Jesús. **(Juan 16:13)**

Los poderes que desviaron a mis padres al fracaso, no tendrás éxito en mi vida, en el nombre de Jesús.

El fracaso de mis padres no se repetirá en mi vida, en el nombre de Jesús.

Satanás no podrá desviar mi vida a actividades inútiles, en el nombre de Jesús.

Sangre de Jesús, redímeme, en el nombre de Jesús.

Ato y arrojo cada poder que causa la guerra interna, en el nombre de Jesús.

Cada portero demoníaco que me cancela cosas buenas, se paraliza por el fuego, en el nombre de Jesús.

Yo ordeno a todos los poderes malvados que luchan contra mí; luchar y destruirse unos a otros, en el nombre de Jesús.

Cada avance que obstaculiza, retrasa, previene, se destruyen y se rompen, demonios reciben confusión, en el nombre de Jesús.

Poder y controles divinos, atacan los espíritus de violencia y tortura, en el nombre de Jesús.

HABLAR VIDA | Dr. Abraham Peters

Oh Señor, que haya una guerra civil en el reino de las tinieblas, en el nombre de Jesús.

Toda imagen malvada de mi vida será destruida por el fuego de Dios, en el nombre de Jesús.

Tú poder oh Dios, penetra en mi espíritu, alma y cuerpo, en el nombre de Jesús.

Asociación de demonios reunidos en contra de mi progreso, sean quemados por el fuego del trueno de Dios, en el nombre de Jesús.

Yo desobedezco cualquier orden satánica programada por herencia en mi vida, en el nombre de Jesús.

Cada decisión satánica tomada contra mi progreso, será anulada, en el nombre de Jesús.

Cada depósito malvado en mi espíritu, alma y cuerpo, se enjuaga con la sangre de Jesús, en el nombre de Jesús.

Oh Señor, Dios mío, protégeme en lo espiritual y en lo físico, en el nombre de Jesús.

Cada extraño que afecta (mi cuerpo, destino, vida y lugar de trabajo), sale, en el nombre de Jesús.

Cualquier flecha satánica disparada contra mí, retrocede, localiza y destruye a tu remitente, en el nombre de Jesús.

Espíritu Santo, levántate y destruye la habitación y las obras de los malvados en mi vida (hogar, finanzas, lugar de trabajo), en el nombre de Jesús.

Cada espíritu serpentino escupiendo en mi avance, sea quemado, en el nombre de Jesús.

Todo enemigo de la perfecta voluntad de Dios para mi vida, muere, en el nombre de Jesús.

Decreto y declaro que me acerco hacia grandes avances sostenibles, en el nombre de Jesucristo

Revoco cada decreto satánico sobre mi vida, en el nombre de Jesús.

Revoco cada decreto satánico sobre mi familia, en el nombre de Jesús.

Revoco todos los decretos malvados sobre mi prosperidad, en el nombre de Jesús.

Revoco el decreto satánico de trabajo duro sin provecho, en el nombre de Jesús.

Tú poder de la imposibilidad en mi destino, muere, en el nombre de Jesús.

Malos sueños, vuelve a tus remitentes, en el nombre de Jesús.

Tú, el hombre fuerte a cargo de mi familia, te declaro impotente, improcedente e inapropiado en el nombre de Jesús.

Bendiciones, honor, prosperidad y favor, ubíquenme, en el nombre de Jesús.

Me convierto en un hueso en la garganta del enemigo. No puedo ser tragado, en el nombre de Jesús.

Revoco todas las leyes malvadas que controlan mi vida, en el nombre de Jesús.

Todas las brujas y agoreros asociados contra mí serán esparcidos por el fuego en el nombre de Jesucristo.

Oh Dios, dame el poder de enfocarme en el nombre de Jesús.

Todo plan para desviar mi vida a través del pecado, falla, en el nombre de Jesús.

Señor, reúne tormentas que rompen yugos a mi favor, en el nombre de Jesús.

Tormentas celestiales, se reúnen contra cualquier raíz de enfermedad en mi vida, en el nombre de Jesús.

Tormentas celestiales, se reúnen contra la conspiración organizada contra mi vida, en el nombre de Jesús.

Tormentas, persigue a los que conspiran para mi degradación, en el nombre de Jesús.

Oh Dios, levántate y deja que mis enemigos se peleen entre si, en el nombre de Jesús.

Cada practicante de brujería impenitente, asignado contra mi vida, muere, en el nombre de Jesús.

Oh Señor, que la luz reúna su fuerza contra todos mis enemigos obstinados de la noche, en el nombre de Jesús.

Decreto por el decreto de los cielos que los malvados y mis enemigos se dispersarán y sus riquezas serán transferidas a mí, en el nombre de Jesús.

Cualquier material del que mis enemigos estén sacando poder, vuélvase contra ellos, en el nombre de Jesús.

Tú poder oh Dios, penetra en mi espíritu, alma y cuerpo, en el nombre de Jesús.

Asociación de demonios reunidos en contra de mi progreso, sean quemados por el fuego de trueno de Dios, en el nombre de Jesús.

Sangre de Jesús, redime mis porciones en este mundo, en el nombre de Jesús.

Cada decisión satánica tomada contra mi progreso, será anulada, en el nombre de Jesús.

Cada extraño en mi cuerpo, salta fuera, en el nombre de Jesús.

Espíritu Santo, levántate y destruye la habitación y las obras de los malvados en mi vida, en el nombre de Jesús.

Recupero mis pasos de cualquier viaje al desierto, en el nombre de Jesús.

Yo ato y echo fuera, todo espíritu de temor en mi vida, en el nombre de Jesús.

Oh Dios, si estoy haciendo lo que no quieres que haga, frustra los esfuerzos, en el nombre de Jesús.

Oh Dios de Elías, deja que Tu poder elimine mi ignorancia, en el nombre de Jesús.

El poder y el principio de la intervención divina, envuelven mi vida, en el nombre de Jesús.

Fuego del Espíritu Santo, elimina cualquier escama de mi vida espiritual, en el nombre de Jesús.

Oh Señor, que mis sueños y visiones rechacen cada proyección de brujería, en el nombre de Jesús.

Decreto y declaro, dejo que el banco del cielo suelte avances financieros y espirituales, la liberación aumenta en mi ser, en el nombre de Jesús.

Recibo poder para arrestar a cada descarrilador de mi destino, en el nombre de Jesús.

Todos los ídolos de la casa de mi padre pierden el control sobre mi vida, en el nombre de Jesús.

Todo hombre fuerte de la casa de mi padre, muere, en el nombre de Jesús.

Silencio, grito y poderes de los malvados de la casa de mi padre mueren contra mí, en el nombre de Jesús.

Consecuencias de la adoración de ídolos en la casa de mi padre, en mi vida, te borro por la sangre de Jesús, en el nombre de Jesús.

Fuego del Espíritu Santo, quema todos los santuarios espirituales de las limitaciones de la casa de mi padre, en el nombre de Jesús.

La agenda de opresión de los poderes malvados de la casa de mi padre, muere, en el nombre de Jesús.

Cada sangre malvada que habla en contra de mi línea generacional, sea silenciada por la sangre de Jesús.

Cada poder maligno de la casa de mi padre, hablando en contra de mi destino, se dispersa, en el nombre de Jesús

Oh Señor, este año, concédeme el favor divino con todos los que decidirán mi avance, en el nombre de Jesús.

Oh Señor, en este año, que haya una promoción divina que me adelante, en el nombre de Jesús.

Rechazo el espíritu de la cola y reclamo el espíritu de la cabeza, en el nombre de Jesús.

Oh Señor, transfiere, quita o cambia cualquier poder que esté dispuesto a detener mi avance este año, en el nombre de Jesús.

Oh Señor, este año, suaviza mi camino a la cima por Tu mano de fuego, en el nombre de Jesús.

Recibo la unción para sobresalir sobre mis contemporáneos, en el nombre de Jesús.

Señor, llévame a la grandeza como lo hiciste con Daniel en la tierra de Babilonia, en el nombre de Jesús.

Ato a cada hombre fuerte asignado para obstaculizar mi progreso este año, en el nombre de Jesús.

Oh Señor, envía a tus ángeles a remover cada obstáculo para mi promoción, avance y elevación este año, en el nombre de Jesús.

Recibo el mandato de poner en fuga a todos los enemigos de mis avances, en el nombre de Jesús.

Rechazo todo espíritu de duda, temor y desaliento, en el nombre de Jesús.

Cancelo todas las demoras impías a las manifestaciones de mis milagros, en el nombre de Jesús.

Oh Señor, apresura Tu Palabra para realizarla en cada área de mi vida, en el nombre de Jesús.

Me niego a estar de acuerdo con los enemigos de mi progreso, en el poderoso nombre de Jesús.

Padre Señor, en este año de turbulencia, haya reorganización, revisión y cambio de rumbo de las situaciones y circunstancias para dar paso a mis milagros deseados, en el nombre de Jesús.

Yo ato, saqueo y deshago todas las fuerzas anti testimonio, anti-milagro y anti-prosperidad, en el nombre de Jesús.

El Dios que respondió por fuego y el Dios de Elías, respóndeme por fuego este año, en el nombre de Jesús.

El Dios que respondió a Moisés rápidamente en el Mar Rojo, respóndeme este año, en el nombre de Jesús.

El Dios que cambió la añadidura de Jabes, respóndeme por fuego este año, en el nombre de Jesús.

El Dios que da vida y llama a aquellas cosas que no son como si fueran, respóndeme este año, en el nombre de Jesús.

El Dios de todo consuelo y alegría, respóndeme por fuego este año, en el nombre de Jesús.

Cada legión extranjera asignada para prevenir la manifestación de mis milagros este año, inclínate, en el nombre de Jesús.

Padre Dios, permita que todas las fuerzas malvadas reunidas en contra de mis avances este año sean esparcidas, en el nombre de Jesús.

Decreto y declaro: rechazo todo viaje al atraso, en el nombre de Jesús.

Padre, Señor, que todos los agentes de la vergüenza que trabajan en mi contra estén paralizados, en el nombre de Jesús.

Paralizo las actividades de la maldad doméstica sobre mi vida, en el nombre de Jesús.

Señor, dame poder para el logro máximo este año, en el nombre de Jesús.

Oh Señor, concédeme autoridad para lograr resultados sin esfuerzo en todo lo que emprenda este año, en el nombre de Jesús.

Decreto y declaro: rompo toda maldición de muerte prematura, en el nombre de Jesús.

Padre, fortaléceme con Tu poder para sobresalir este año, en el nombre de Jesús.

Oh Señor, permite que el contra movimiento del Espíritu Santo frustre todos los dispositivos malvados asignados en contra de mis avances, en el nombre de Jesús.

Señor, haz de mi voz la voz de la paz, la voz de la liberación, la voz del poder y la voz de la solución, en el nombre de Jesús.

Señor, dame la dirección divina que me impulsará a la grandeza este año, en el nombre de Jesús.

Cada poder asignado para usar a mi familia para atormentarme, será paralizado, en el nombre de Jesús.

Decreto y declaro Señor Jesús, que me das un espíritu excelente, en el nombre de Jesús.

¿Dónde está el Señor Dios de Elías, levántate juzga cada lengua asignada para condenarme este año, en el nombre de Jesús?

Oh Dios, levántate y dame sueños divinos que cambiarán mi historia, en el nombre de Jesús.

Padre mío, muéstrame mi escalera de destino, que me conectará con tu gloria divina, en el nombre de Jesús.

Padre mío, dame el poder como Jacob para luchar y pasar de mi Jacob a mi Israel, en el nombre de Jesús.

Tú qué hiciste de Pedro un pescador de hombres, hazme lo que Tú quieres que sea, en el nombre de Jesús.

Como el agujero en la pared que deshonra, así expondrá a mis enemigos, sean manifestados por el fuego, en el nombre de Jesús.

Tú poder de los sueños divinos, sea sobre mi cabeza, en el nombre de Jesús.

Oh cielos, conecta mi almohada a la escalera del cielo, en el nombre de Jesús.

Padre mío, convierte mis sueños en visiones divinas, en el nombre de Jesús.

Oh Señor, abre tu camino ante mi cara en cada problema.

Oh Señor, revélame cada secreto detrás de cualquier problema que tenga.

Cada secreto, que necesito saber para sobresalir espiritual y financieramente, sea revelado, en el nombre de Jesús.

Todo secreto, escondido en el archivo satánico, paralizando mi alcance, sea expuesto y deshonrado, en el nombre de Jesús.

Cada secreto, que necesito saber acerca de mi entorno, sea revelado, en el nombre de Jesús.

Los secretos que necesito saber sobre el trabajo que estoy haciendo, serán revelados, en el nombre de Jesús.

Oh Señor, quita las cataratas espirituales de mis ojos.

Ato a todo demonio que contamina la visión espiritual y los sueños, en el nombre de Jesús.

Los secretos, que necesito saber sobre la casa de mi padre, se revelarán, en el nombre de Jesús.

Todo secreto, que necesito saber acerca de tu gloria, se revelará, en el nombre de Jesús.

Sueños divinos, que me moverán hacia adelante, se manifestarán, en el nombre de Jesús.

Padre, envía a tus ángeles para que me den buenas nuevas de gran gozo, en el nombre de Jesús.

Padre Dios, que mi almohada atraiga el poder de las revelaciones divinas, en el nombre de Jesús.

Padre mío, permitan que se abran mis ojos espirituales para contemplar cosas maravillosas, en el nombre de Jesús.

Ato y arrojo cada catarata espiritual y ceguera, en el nombre de Jesús.

Información divina para catapultar mi destino, se manifiesta, en el nombre de Jesús.

Padre, déjame ver y conocer, déjame experimentar tu poder de revelación, en el nombre de Jesús.

Cada poder, que detiene mi avivamiento espiritual, cae y muere, en el nombre de Jesús.

Oh Dios de Abraham, Isaac e Israel, dame sueños divinos que moverán mi destino hacia adelante, en el nombre de Jesús.

Cualquier poder que desafía mis sueños de destino, te entierro ahora, en el nombre de Jesús.

Todo secreto que necesito saber para catapultarme al siguiente nivel, Padre, revélalos, en el nombre de Jesús.

Los ambientes malvados, asignados a mi caso, reciben el trueno de Dios, en el nombre de Jesús.

Ángeles de revelación, visiten la vida de mis sueños, en el nombre de Jesús.

Los poderes, asignados para mantenerme en oscuridad espiritual, mueren, en el nombre de Jesús.

Yo ato y echo fuera todo espíritu de manipulación de visión y confusión, en el nombre de Jesús.

Secretos, pactos y votos que afectan mi destino, sean revelados, en el nombre de Jesús.

Los secretos ancestrales, que retrasan mi progreso, serán revelados, en el nombre de Jesucristo.

Las actividades secretas malvadas, que actualmente afectan mi vida, se revelarán, en el nombre de Jesucristo.

Decreto y declaro: Cualquier poder maligno asignado para usarme como sacrificio o como chivo expiatorio, muere por fuego, en el nombre de Jesucristo.

Decreto y declaro Todos los altares impíos, prenden con fuego a sus dueños, en el nombre de Jesucristo

Cualquier enfermedad que quiera quitarme la vida prematuramente, muere por fuego, en el nombre de Jesús.

Ato, cada demonio anti-oración, demonio anti-liberación, demonio anti-progreso, demonio anti-prosperidad, espíritu anti-destino y demonio anti-milagro, en el nombre de Jesús.

Cada obstáculo a mis oraciones, será destruido por el fuego del Espíritu Santo, en el nombre de Jesús.

Sangre de Jesús, limpie todos los datos sobre mí y mi familia del banco de datos del enemigo, en el nombre de Jesús.

Cada artilugio de monitoreo maligno, dispositivos de control remoto y cada aquelarre de brujería asignado contra mi vida y destino, serán destruidos por el fuego del Espíritu Santo, en el nombre de Jesús.

Cada jaula satánica, cadenas malvadas y cuerdas de la oscuridad, asignadas en contra de mi destino, serán destruidas por el trueno de Dios, en el nombre de Jesús.

Cada pantalla espiritual y radar, espejo espiritual, cinta espiritual, cámara espiritual, satélite espiritual y todas las propiedades espirituales que Satanás ha establecido para vigilarme, se rompen en pedazos, en el nombre de Jesús.

Todos los malvados espíritus terrestres y celestiales alineados contra mí, se dispersan, en el nombre de Jesús.

Las armas satánicas, alineados contra mí, serán destruidas, en el nombre de Jesús.

Todos los espíritus malignos, brujas, hechiceros, semidioses, espíritus familiares, espíritus del agua y espíritus de la debilidad, que trabajan en contra de mi vida y progreso, se paralizan, en el nombre de Jesús.

Padre, Señor, que las maquinaciones ocultas de mis enemigos fracasen, en el nombre de Jesús.

Cualquier cosa que me pertenezca o que me represente en cualquier altar de brujería, será destruida por el fuego del Espíritu Santo, en el nombre de Jesús.

Fuego del Espíritu Santo, destruye cada jaula, tumba, cadena, bolsa o sala de prisión donde Satanás ha atado mi corazón, mi alma, mi mente y mi herencia, en el nombre de Jesús.

Espíritu Santo, destruye todo el poder de los demonios que están en guardia contra mi corazón, mi alma, mi mente y mi destino, en el nombre de Jesús.

Cada maldición y alianza, hecha por mis antepasados o por mí mismo, en el aire, en la tierra, debajo de la tierra, en las aguas arriba o debajo, se rompen, en el nombre de Jesús.

Toda maldición desconocida, que está perturbando mi progreso y mi futuro, sea quemado por el fuego, en el nombre de Jesús.

Las maldiciones ocultas, dirigidas hacia mí en el aire, en la tierra, debajo de la tierra, en las aguas, dentro de los ríos, dentro de los mares, dentro de las presas, serán destruidas, en el nombre de Jesucristo.

Cualquier demonio, asignado con maldiciones contra mí, muere por fuego, en el nombre de Jesucristo.

Pactos, hechos en mi nombre por mis antepasados o cualquier persona con poderes oscuros, te declaro nulo por el poder en la sangre de Jesucristo.

Retiro mi membrecía de cualquier iniciación satánica que haya yo hecho o hecho por mí la gente, y ordeno que tales iniciaciones mueran, en el nombre de Jesús.

Cancelo mi nombre del registro de Satanás por cualquier retroceso y falla.

Yo decreto y me declaro libre en verdad, en el nombre de Jesucristo.

Las langostas, las orugas y las luciérnagas, asignadas en contra de mi vida, mueren, en el nombre de Jesús.

Padre mío, dame la lluvia temprana y la tardía, lléname otra vez con Tus bendiciones, en el nombre de Jesús.

Cada encantamiento, hechizo, asignados en contra de mi vida, mueren, en el nombre de Jesús.

Los poderes malvados, involucrados en las maldiciones, los convenios y la iniciación en mi contra, mueren, en el nombre de Jesús.

Cualquier maldición sexual, convenio e iniciación, asignados en mi contra, mueren, en el nombre de Jesucristo.

Clavo maldiciones y convenios en la cruz de Jesús, y recibo mi bendición por el poder de la resurrección del Señor Jesucristo, en el nombre de Jesús.

Dedico mi vida, al Señor, para hacer buenas obras, en el nombre de Jesús.

Soy un hijo de Dios y un miembro de la familia de Jesús. Quien me toca; toca la niña del ojo de Dios. Ninguna arma forjada contra mí prosperará de ninguna manera en mi vida, y cualquier lengua que se levante contra mí en juicio será condenada y destruida por completo, en el nombre de Jesús.

Decreto, todos mis bienes en el almacén del hombre fuerte serán liberados y vendrán a mí, en el nombre de Jesucristo.

El hombre fuerte, que tiene encerrando mis bendiciones en su almacén, cae y muere, en el nombre de Jesucristo.

Oh Dios, levántate y dame testimonios sobresalientes, en el nombre de Jesucristo.

Extrañas palabras que se envían para atraparme, se dispersan, en el nombre de Jesucristo.

Decreto y declaro poderes mágicos hipnóticos, manipulando mi vida, se rompen, en el nombre de Jesucristo.

ORANDO LA PALABRA DE SANIDAD QUE DIOS HA PROMETIDO Y HA DICHO

Adoraré hacia tu santo templo, y alabaré tu nombre por tu misericordia y tu verdad, porque has ensalzado tu palabra sobre todo tu nombre. **Salmo 138: 2**

He aquí, le traeré salud y cura, y los curaré, y les revelaré la abundancia de la paz y la verdad. **Jeremías 33: 6**

Pero restauraré tu salud y sanaré tus heridas, declara el SEÑOR, porque te llaman un marginado, Sion, a quien nadie se preocupa. **Jeremías 30:17**

No los perdáis de vista; mantenlos dentro de tu corazón. Porque son vida para quienes los encuentran, y salud para todo el cuerpo. Guarde su corazón con toda diligencia, porque de él fluye manantiales de vida... **Proverbios 4:21-23**

No sea sabio ante sus propios ojos; temed al SEÑOR y apartados del mal. Esto traerá sanación a tu cuerpo y refrigerio a tus huesos. **Proverbios 3:7-8**

Oh SEÑOR, Dios mío, clamé a ti por ayuda y me curaste. Oh SEÑOR, me sacaste del Seol; Me salvaste de descender al Foso. **Salmo 30:2-3**

Entonces clamaron al SEÑOR en su angustia; Él los salvó de su angustia. Envió su palabra y los sanó; Los rescató del abismo. Que den gracias al SEÑOR por su amorosa devoción y sus maravillas a los hijos de los hombres... **Salmo 107:19-21**

Salmo 147:3 Él sana a los quebrantados de corazón, y cierra sus heridas.

Dios no hace acepción de personas (**Hechos 10:34**) y Él nunca cambia (**Malaquías 3:6**). Así que lo que Él dijo ayer, El continúa diciéndolo hoy día. La palabra de Dios me habla a mí.

(Estas declaraciones han sido tomadas directamente de la Biblia con poca o ninguna variación. Los verbos y construcción de la oración han sido cambiados para que le aplique a usted personalmente, y en algunos casos pueden resumir algunos pensamientos. De igual manera, muchas de estas declaraciones son prologadas por frases tales como, « Si caminas en mis mandamientos», o « Si crees...obedeces...» etc....)

HABLAR VIDA | Dr. Abraham Peters

¿Qué dijo Dios que dijera?

Antiguo Testamento

Dios dijo...

(1) Yo soy el Señor que te sana (**Éxodo 15:26**).
(2) Tus días serán de ciento veinte años (**Génesis 6:3**).
(3) Tú, en cambio, te reunirás en paz con tus antepasados, y te enterrarán cuando ya seas muy anciano (**Génesis 15:15**).
(4) Llegarás al sepulcro anciano pero vigoroso, como las gavillas que se recogen a tiempo (**Job 5:26**).
(5) Cuando vea la sangre, pasaré sobre ti y la plaga no vendrá sobre ti ni te destruirá (**Éxodo 12:13**).
(6) Apartaré de ti toda enfermedad, y te concederé larga vida (**Éxodo 23:25-26**).
(7) No pondré sobre ti ninguna enfermedad sino las alejaré de ti (**Deuteronomio 7:15**).
(8) Y todo estará bien contigo y tus días serán multiplicados y prolongados como días de los cielos sobre la tierra (**Deuteronomio 11:9,21**).
(9) Cambié la maldición en bendición porque te amo (**Deuteronomio 23:5** y **Nehemías 13:2**).
(10) Te he redimido de toda enfermedad y toda plaga (**Deuteronomio 28:61** y **Gálatas 3:13**).
(11) Que tus días duren tanto como tus fuerzas (**Deuteronomio 33:25**).

(12) He encontrado tu rescate, serás rejuvenecido como la piel de un niño, y regresaras a los días de tu juventud (**Job 33:24,25**).

(13) Te he sanado, rescaté tu alma de la tumba; y te he mantenido con vida y de caer en el foso (**Salmo 30:1,2**).

(14) Te daré fuerzas y te bendeciré con paz (**Salmo 29:11**).

(15) Te preservaré y mantendré vivo (**Salmo 41:2**).

(16) El Señor te atenderá y cuando estés enfermo te devolverá la salud (**Salmo 41:3**).

(17) Tu semblante será saludable y seré tu Dios (**Salmo 43:5**).

(18) Ninguna plaga llegará a tu morada (**Salmo 91:10**).

(19) Te saciaré con larga vida (**Salmo 91:16**)

(20) Sanaré todas tus enfermedades (**Salmo 103:3**).

(21) Envié mi palabra y te sano, y has sido librado de toda destrucción (**Salmo 107:20**).

(22) No morirás, sino vivirás y declararas mis obras (**Salmo 118:17**).

(23) Sano los quebrantados de corazón y vendo sus heridas (**Salmo 147:3**).

(24) Los días de tu vida serán muchos (**Proverbios 4:10**).

(25) Los que confían en mi recibirán salud y sus huesos serán fortalecidos (**Proverbios 3:8**).

(26) Mis palabras son vida para ti, salud y medicina para tu ser (**Proverbios 4:22**).

(27) Mis buenas noticias dan nuevas fuerzas (**Proverbios 15:30**).

(28) Mis palabras son agradable y dulce para tu alma y dan salud a tus huesos (**Proverbios 16:24**).

(29) Mi gozo es tu fuerza. Un corazón contento es buena medicina (**Nehemías 8:10; Proverbios 17:22**).

(30) Los ojos de los ciegos se iluminarán y no serán apagados (**Isaías 32:3; 35:5**).

(31) Los oídos de los sordos serán destapados y me podrán escuchar (**Isaías 32:3; 35:5**).

(32) La lengua del mudo cantará y el tartamudo hablará con claridad (**Isaías 35:6; 32:4**).

(33) El hombre cojo saltará como el ciervo (**Isaías 35:6**).

(34) Te recuperaré y te haré vivir. Estoy listo para salvarte (**Isaías 38:16,20**).

(35) Doy poder a los débiles y aumento sus fuerzas (**Isaías 40:29**).

(36) Renovaré tus fuerzas. Te fortalezco y te ayudo (**Isaías 40:31; 41:10**).

(37) En tu vejez cuando tengas canas te sostendré y te librare (**Isaías 46:4**).

(38) Cargué tus enfermedades (**Isaías 53:4**).

(39) Cargué tu dolor (**Isaías 53:4**).

(40) Tomé tus enfermedades (**Isaías 53:10**).

(41) Por mis heridas has sido sanado (**Isaías 53:5**).

(42) Te sanaré (**Isaías 57:19**).

(43) Tu luz será radiante y tu salud florecerá rápidamente. (**Isaías 58.8**).
(44) Restauraré tu salud y sanaré todas tus heridas dice Jehová (**Jeremías 30:17**).
(45) Te curaré, te daré salud y haré que con honra disfrutes abundante paz y verdad (**Jeremías 33:6**).
(46) Vendaré tus heridas y fortaleceré al enfermo (**Ezequiel 34:16**).
(47) Soplaré en ti aliento de vida y revivirás. Pondré sobre ti mi Espíritu y vivirás (**Ezequiel 37:5, 14**).
(48) Por donde corra este río, todo ser viviente vivirá. Serán sanados y todo aquello que esté cerca del rio vivirá (**Ezequiel 47:9**).
(49) Búscame y vivirás (**Amos 5:4, 6**).
(50) Me has levantado con salud en tus alas (**Malaquías 4:2**).

Nuevo Testamento...

(51) Lo haré, se limpió (**Mateo 8:3**).
(52) Cargué tus enfermedades (**Mateo 8:17**).
(53) Soporté tu dolor (**Mateo 8:17**).
(54) Si estás enfermo necesitas un médico. Yo soy el Señor, tu médico (**Mateo 9:12 y Éxodo 15:26**).
(55) Me conmuevo con compasión hacia el enfermo y los sano (**Mateo 14:14**).
(56) Sano todo tipo de enfermedad y todo tipo de dolencia (**Mateo 4:23**).

(57) De acuerdo a tu fe, así será (**Mateo 9:29**).

(58) Te he dado poder y autoridad para expulsar a los espíritus malignos y para sanar toda enfermedad y toda dolencia (**Mateo 10:1 y Lucas 9:1**).

(59) Y los sanaré a todos (**Mateo 12:15 y Hebreos 13:8**).

(60) Todo aquel que me toque será sanado completamente (**Mateo 14:36**).

(61) Sanidad es el pan de mis hijos (**Mateo 15:26**).

(62) Todo lo hago bien, los sordos escuchan y los mudos hablan (**Marcos 7:37**).

(63) Todo es posible si puedes creer (**Marcos 9:23; 11:23,24**).

(64) Pondrán manos sobre ti y recobrarás tu salud (**Marcos 16:18**).

(65) Mi unción sana a los quebrantados de corazón, rescataré a los cautivos, los ciegos verán y los golpeados serán liberados (**Lucas 4:18; Isaías 10:27; 61:1**).

(66) Sanaré a todo aquel que necesite sanidad (**Lucas 9:11**).

(67) No vine para destruirte sino para darte salvación (**Lucas 9:56**).

(68) He aquí te he dado poder sobre el enemigo y nada te hará daño (**Lucas 10:19**).

(69) ¡La enfermedad es una atadura satánica y eres libre! (**Lucas 13:6; 2 Corintios 6:2**).

(70) En mi hay vida (**Juan 1:4**).

(71) Yo soy el pan de vida. Te doy vida (**Juan 6:33, 35**).
(72) Las palabras que hablo son Espíritu y vida (**Juan 6:63**).
(73) He venido para que tengas vida y vida en abundancia (**Juan 10:10**).
(74) Yo soy la resurrección y la vida (**Juan 11:25**).
(75) Todo lo que pidieres en mi nombre te concederé (**Juan 14:14**).
(76) Fe en mi nombre te hará fuerte y te sanaré completamente (**Hechos 3:16**).
(77) Extiendo mi mano para sanarte (**Hechos 4:30**).
(78) Yo, Jesucristo, te sano completamente (**Hechos 9:34**).
(79) Yo hago bien y todo aquel que esté oprimido por el enemigo será liberado (**Hechos 10:38**).
(80) Mi poder hace que toda dolencia se aparte de ti (**Hechos 19:12**).
(81) La ley del Espíritu de vida me ha hecho libre de la ley del pecado y de la muerte (**Romanos 8:2**).
(82) El mismo Espíritu que me levantó de la muerte vive en ti y ese Espíritu vivificará tu cuerpo mortal (**Romanos 8:11**).
(83) Tu cuerpo mortal es miembro mío (**I Corintios 6:15**).
(84) Tu cuerpo mortal es templo del Espíritu Santo y con tu cuerpo me glorificarás (**1 Corintios 6:19,20**).

(85) Si disciernes mi cuerpo, que fue quebrantado por ti correctamente y te examinas, no serás juzgado, no serás débil, enfermizo, y no morirás prematuramente (**1 Corintios 11:29-31**).
(86) Existen dones de sanidad en mi cuerpo (**1 Corintios 12:9**).
(87) Mi vida se manifiesta en tu cuerpo (**2 Corintios 4:10,11**).
(88) Te he librado de la muerte, yo te libré, y si confías en mi te liberaré (**2 Corintios 1:10**).
(89) Te he dado mi nombre, y he puesto todo debajo de tus pies (**Efesios 1:21,22**).
(90) Deseo que todo vaya bien contigo y deseo que disfrutes de larga vida en la tierra (**Efesios 6:3**).
(91) Te he librado del poder de las tinieblas (**Colosenses 1:13**).
(92) Te libraré de toda obra mala (**2 Timoteo 4:18**).
(93) Experimenté la muerte por ti. Destruí al diablo el cual tenía poder sobre la muerte. Te he librado del temor a la muerte y esclavitud. (**Hebreos 2:9, 14,15**).
(94) Con agua pura lavo tu cuerpo (**Hebreos 10:22; Efesios 5:26**).
(95) Levanta tus manos y rodillas débiles. No permitas que permanezcas cojo sino permite que yo te sane (**Hebreos 12:12,13**).

(96) Permite que los ancianos de la iglesia te unjan y oren por ti en mi nombre y yo te levantaré **(Santiago 5:14,15)**.

(97) Oren los unos por los otros y yo los sanaré **(Santiago 5:16)**.

(98) Por mis heridas has sido curado (**1 Pedro 2:24**).

(99) Te he entregado todas las cosas que pertenecen a la vida y te he llamado para mi gloria y excelencia por mi poder divino (**2 Pedro 1:3**).

(100) Al que quiera venir, venga y gratuitamente tome del agua de vida (**Apocalipsis 22:17**).

(101) Amado, yo deseo que tú seas prosperado en todas las cosas, y que tengas salud, así como prospera tú alma (**3 Juan 2**)

EL AUTOR, DR. ABRAHAM PETERS

El Dr. Abraham Peters es un apóstol / profeta, un predicador de múltiples talentos, mentor de liderazgo, distinguido autor, educador erudito, consultor y consejero que aborda temas críticos que afectan la gama completa del desarrollo humano, social y espiritual. El tema central de su mensaje es el desarrollo del liderazgo mediante el descubrimiento del destino y el propósito personal y la creación de capacidad mediante la capacitación intensiva de capacitadores y la maximización del potencial individual mediante la transformación del seguidor en líderes eficientes y eficaces; con la misión principal de revivir a los santos y rescatar a los pecadores, tomando la palabra de Dios como la antorcha resplandeciente de la luz del evangelio hacia la oscuridad en todas las comunidades y países del mundo, en un espíritu de amor y excelencia.

Él cree que cumplir el propósito de Dios y mejorar tu vida requiere más que palabras inspiradoras, conceptos religiosos y motivacionales, que demasiados libros te dan grandes ideas pero no te muestran cómo aplicarlos. Lo que necesita y lo que proporciona el Dr. Abraham son pasos prácticos comprobados para las acciones que funcionan, cada uno diseñado para ayudarlo a resolver un problema o desafío específico de la vida. Escribe libros para una variedad de personas hambrientas de crecimiento espiritual, cambio positivo y dispuesto a tomar medidas para que esto suceda, hombres y mujeres que desean mejores relaciones, una mayor confianza, hábitos positivos, un caminar más profundo con Dios y una mejor inteligencia emocional y social. Lo que hace que los libros del Dr. Abraham Peters sean diferentes es su capacidad para explicar ideas y estrategias complejas de una manera muy sencilla y accesible que puede implementar de inmediato.

El compromiso del Dr. Abraham Peters de enseñar la Palabra de Dios completa lo convierte en un orador y escritor muy solicitado. Su pasión por alcanzar a los creyentes perdidos y alentadores en su fe se demuestra a través de su comunicación fiel de verdades bíblicas sólidas. Se graduó como Doctor en Epidemiólogo y Consultor Público de Salud Global. En el ministerio, obtuvo la licencia de Ministro Ordenado con Doctor en Divinidad en Teología. Él es el Obispo Presidente de Casa del Poder de los Ganadores, la Casa de Oración de Todas las Naciones, Ministerios Proféticos Internacionales.

El Dr. Abraham Peters está desempeñando el papel de un Apóstol / Profeta y está sonando como una voz clara en esta temporada que es hora de que el pueblo de Dios se despierte de su sueño y se duerma a través de las Conferencias del Gran Despertar Oración y Alabanza Profética Conferencia de Fuego de Alabanza. Él tiene y sigue ministrando en Iglesias y Conferencias. Ha publicado varios libros que se destacan por su simplicidad nítida, principios bíblicos equilibrados, espiritualmente sanos y prácticos. Le gusta pasar tiempo con su familia.

Puede conectarse con el Dr. Abraham Peters en la página de Me gusta de Facebook (@Dr. Abraham Peters), Twitter (@ApostleAbPeters), YouTube (@Abraham Peters) y en Instagram (@ApostleDr Ab-Peters). Correo electrónico: abrahampeters@rocketmail.com

www.ingramcontent.com/pod-product-compliance
Lightning Source LLC
Chambersburg PA
CBHW021406290426
44108CB00010B/408